AF365898

Manual del
transporte
marítimo

Agustín Montori Díez
Carlos Escribano Muñoz
Jesús Martínez Marín

Con la colaboración de:

www.logisnet.com

Colección: Biblioteca de logística
Director: David Soler

Manual del transporte marítimo
1.ª edición, 2015
2.ª edición 2019

© 2015, Agustín Montori Díez, Carlos
Escribano Muñoz, Jesús Martínez Marín
© de esta edición, incluido el diseño
de la cubierta, ICG Marge, SL
© fotografía de la portada: Maersk Line

Edita: Marge Books
València, 558 – 08026 Barcelona
Tel. 931 429 486 - marge@margebooks.com
www.margebooks.com

Gestión editorial: Hèctor Soler
Edición: Cristina Torres Murillo, Alba Megías
Villanueva, Jorge Baro Olivero
Compaginación: Mercedes Lara
Colaboración gráfica: Laura Cortés
Impresión: Safekat, SL (Madrid)

ISBN edición impresa: 978-84-15340-31-7
ISBN edición digital: 978-84-17313-35-7
Depósito Legal: B 16951-2019

Procedencia de las ilustraciones
Archivos autores y:

Andrew, 55a, 58a
Archivo Marge Books, 16, 48, 64a, 65a, 65c, 66, 67a, 71
Arquitectos A. Ruiz y S. Escribano, 54c
Autoridad Portuaria de Vigo, 41
Autoritat Portuària de Tarragona, 57
Cimalsa, 43
Comisión Europea, 25
Corea_Busan3, 33
ECT (Europe Container Terminals), 104
Flexitank España, 67b
Frans Berkelaar, 59a
Gordon Wrigley, 96
Grup TCB, 32
Harald Henkel, 56b
IAEA Imagebank, 105
Jay Phagan, 31
Joe deSousa, 58b
JSV, 64b
Juanjo Martínez, 53
Kees Torn, 59b
Marge Books, 39, 52a, 52b, 54a
Marion Doss, 29
National Museum of the U.S. Navy, 55b
NOAA's National Ocean Service, 56a
Port of San Diego, 28
Stockcargo, 86
The Container Traders, 65b

El papel empleado en este libro no ha sido blanqueado con cloro elemental (CI_2).

Índice

Los autores

Carlos Escribano Muñoz
Abogado especializado en derecho internacional. Cursó un máster en Comercio y Legislación Internacional y posee el título de Operador de transporte-Transitario. Imparte cursos de formación permanente en la Asociación de Transitarios Expedidores Internacionales y Asimilados de Barcelona (ATEIA).

Jesús Ezequiel Martínez Marín
Doctor en Ciencias e Ingeniería Náutica por la Universidad Politécnica de Barcelona, cursó un máster en Gestión Portuaria. Es coordinador del grado universitario y profesor de Logística y Negocio Marítimo en la Universitat Pompeu Fabra, Tecnocampus de Mataró-Barcelona. Es profesor asociado en el departamento de Ciencia e Ingeniería Náutica de la Facultad de Náutica de Barcelona. Es fundador y presidente de la Red de Expertos Internacionales en Negocio Portuario (Rideport) e imparte cursos de formación permanente en la Asociación de Transitarios Expedidores Internacionales y Asimilados de Barcelona (ATEIA).

Agustín Montori Diez
Capitán de la Marina Mercante y empresario, diplomado en Derecho Marítimo. Es vicepresidente de la Federación Española de Transitarios Expedidores Internacionales y Asimilados (FETEIA) y de la Asociación de Transitarios Expedidores Internacionales y Asimilados de Barcelona (ATEIA), donde organiza y coordina cursos de Transporte Marítimo. Imparte cursos como profesor asociado en la Universitat Pompeu Fabra, Tecnocampus de Mataró-Barcelona, en Logistica y Negocio Portuario.

Prólogo

En el año 2009, después de un intenso trabajo realizado con la colaboración de Carlos Escribano Muñoz y de José Manuel Cuartero, publiqué en ATEIA el *Manual del Transporte Marítimo*. Esta era una iniciativa que venía acariciando desde hacía algunos años y que tenía su origen en la escasez de material didáctico dirigido a profesionales de los departamentos marítimos de las empresas transitarias y consignatarias de buques.

Mis colegas en el Comité Ejecutivo de ATEIA y la Dirección de esta asociación, encargada de los cursos de formación, recibieron muy favorablemente la idea y fruto de ella fue la edición de dicho manual.

En él reunimos la información básica que un operador marítimo debe poseer y manejar acerca del transporte marítimo para afrontar su trabajo diario. Una información igualmente válida para numerosos cursos formativos que la han utilizado como herramienta básica.

Sin embargo, en muy pocos años, la contenerización ha dado un salto cualitativo y cuantitativo. Las capacidades de los buques se han triplicado y la Intermodalidad es la madre de todos los transportes y un elemento clave en las cadenas logísticas.

El transporte intraeuropeo en su vertiente marítima impulsa el transporte marítimo de corta distancia y las autopistas del mar como un elemento estratégico en la organización del transporte en la Unión Europea y sus países vecinos. Y finalmente, la nueva Ley de Navegación Marítima de España ha reformulado el campo jurídico en el que se mueve el transporte marítimo.

Todo ello nos ha llevado a una decidida remodelación y actualización de esta obra, contando esta vez con la participación de Jesús Ezequiel Martínez Marín, doctor en Ciencias Náuticas, compañero de docencia en diversos ámbitos educativos, además de la participación de Carlos Escribano. Junto a estos dos excelentes colegas presentamos aquí una nueva edición actualizada del Manual del transporte marítimo, confiando que cumpla con la función docente para la que ha sido elaborado.

Agustín Montori Díez

Capítulo 1
El transporte marítimo

El transporte marítimo es y ha sido a lo largo de la historia un vehículo de primer orden para el desarrollo de las actividades humanas.

Desde la prehistoria, la humanidad ha ido abriendo horizontes para desarrollar vías comerciales. Esta búsqueda, verdadero motor del desarrollo por el intercambio y el conocimiento de nuevas y diferentes formas de civilización, se ha efectuado a través del viaje por mar.

Es destacable el viaje de Hannón, navegante fenicio, que hacia el año 500 aC cruzó las Columnas de Hércules y navegó a lo largo del continente africano, llegando, al parecer, a la actual Sierra Leona. Hannón regresó a Cartago tras su viaje de exploración y colonización y dejó para la posteridad constancia de su periplo.

También es sabido que el griego Piteas, hacia el año 300 aC, alcanzó latitudes superiores a los 60 Norte, más al norte de las islas Británicas.

Y todo ello siempre con la meta puesta en el comercio, en la colonización y, en suma, en el desarrollo de la humanidad.

Posteriormente la gran República de Roma instauró en el Mediterráneo la *pax romana,* vigilando el comercio y el tráfico marítimo con las galeras de guerra de Pompeyo, uno de los últimos triunviros de Roma previos al Imperio.

Fenicios, griegos, cartagineses y después romanos cruzaron el Mediterráneo de norte a sur y de oeste a este transportando todo tipo de productos y, con ellos, su cultura y desarrollo. Este período culminó con el Imperio romano en su máximo esplendor.

Garantizada la seguridad respecto a los piratas mediante las naves de guerra romanas, el transporte floreció como siempre que se ha desarrollado el comercio cuando ha estado tutelado por un imperio.

Pero no únicamente se desarrolló el transporte marítimo en Occidente. Existen noticias de los viajes de Simbad el Marino. Simbad, rico habitante de Bagdad, fue apodado el Marino porque realizó siete viajes por mar. En cada uno de ellos llevaba mercancías para comerciar y tuvo diversa fortuna en cada ocasión.

Asimismo, en Oriente existen registros de marinos chinos que circunnavegaron el océano Índico.

La desaparición del Imperio romano, que conllevó un verdadero cataclismo en cuanto al desarrollo de la civilización occidental y sus intercambios, afectó de igual manera a los viajes por mar. Europa se retrajo y no fue hasta el siglo xv, con las expediciones portuguesas y el descubrimiento de América por los españoles, que se volvió a dar una expansión del comercio y del transporte marítimo.

Cabe resaltar que gracias al comercio se buscaron nuevas rutas comerciales diferentes de las terrestres lo que supuso el motor de numerosos descubrimientos.

Una ruta para llegar a la India por mar era lo que buscaba Bartolomeu Dias en 1488 cuando descubrió el cabo de Buena Esperanza, pero no fue hasta diez años más tarde cuando Vasco de Gama llegó a Calicut después de doblar este cabo.

El motivo de la expedición de Cristóbal Colón era también una ruta comercial hacia la India pero por el oeste. Tras llegar a las islas del Caribe, alumbró el camino hacia el continente americano.

Los descubrimientos de los siglos xv y xvi abrieron nuevas rutas para el comercio y la colonización. Las rutas estaban sujetas, además de a los riesgos naturales del propio viaje, a la escasa seguridad derivada de la falta de respeto entre franceses, españoles, ingleses, holandeses y portugueses hacia las naves de los otros. El corso y la piratería son dos actividades que dificultaron el transporte marítimo hasta la aparición de una nueva *pax marítima* después de 1815 con la derrota de Napoleón en la batalla de Waterloo y el triunfo de la Armada británica en todos los mares.

Desde esta fecha hasta la actualidad, con las salvedades de las dos guerras mundiales del siglo xx, el transporte por mar ha eclosionado y es un soporte estructural del modelo de desarrollo económico que se conoce como globalización. Este fenómeno no sería posible sin la capacidad de las líneas regulares de contenedores que permiten ajustar los períodos de fabricación, transporte y entrega de los productos a fechas concretas, ahorrando costos de almacenaje, fabricación y distribución.

1 La organización del viaje

Hasta bien entrado el siglo xvii la organización de los viajes había sido muy similar en todas las latitudes y países. El comerciante organizaba un viaje para llevar sus mercancías a lugares en los cuales recogía otras que, a su vez, transportaba de vuelta para venderlas en el puerto de origen obteniendo así el beneficio por partida doble, siempre confiando en el buen fin de la aventura.

Con los descubrimientos y las colonizaciones, el tráfico se comenzó a organizar desde las metrópolis a las colonias con productos acabados y desde estas a las primeras con materias primas. Esta estructura se mantuvo sin modificaciones sustanciales hasta finales del siglo xx cuando se comenzaron a substituir las metrópolis y colonias por países desarrollados y países en desarrollo, respectivamente, hasta que la globalización económica ha logrado revolucionar la estructura de los tráficos marítimos.

Al organizar un viaje el comerciante armaba un buque, es decir, dotaba a un buque, de su propiedad, en la mayoría de los casos, o contratado al efecto, de todos los medios y pertrechos (velas, anclas, palos, etc.) necesarios para el viaje. De aquí proviene la palabra armador,[1] referida al que arma una nave con su propio capital o el que reunía junto con otros asociados. Compraba las mercancías cuyo comercio se pretendía en ese viaje y afrontaba los gastos del mismo como el costo de la contratación de un marino experimentado (el piloto) y el de la tripulación que partía para el viaje.

Una relativa estabilidad, a pesar de la inseguridad que proporcionaba el tráfico repetido en determinadas zonas, favoreció la asociación de los comerciantes en compañías conocidas, en el Mediterráneo español, como *colonna,* mediante las cuales, diversos comerciantes entregaban su mercancía al armador o patrón, propietario de la nave, para que este, que a su vez contrataba al piloto *(nauxer)* y a los marineros, llevara la nave a buen puerto para la descarga y entrega de las mercancías a los agentes de los cargadores. Esta división entre empresa marítima y empresa comerciante comenzó a aparecer en el siglo xiv.

Así, a finales del siglo xvii y, más claramente, en el xviii, quedó diferenciada y definida la empresa marítima como una actividad comercial propia.

2   La regulación del transporte marítimo

La Liga Hanseática o Hansa agrupaba ochenta ciudades marítimas y fluviales situadas en las riberas del mar Báltico. Tenía como finalidad la defensa y el desarrollo comercial en común. Previamente a la Liga Hanseática, la ciudad de Visby funcio-

---

[1] *Armateur* en francés, *reeder* en alemán.

naba como el principal centro comercial en el Báltico hasta que fue relevada por Lübeck. En Visby, alemanes, suecos, daneses y eslavos tenían sus propios barrios de comerciantes y sus magistrados.

Los textos legislativos conocidos como Rooles de Oleron, aplicados en Inglaterra y Flandes, promulgados por Leonor de Aquitania en 1160, se conocen por ser una de las primeras leyes marítimas de Europa occidental, de los que se hizo una versión castellana.

Los comerciantes medievales en el Mediterráneo obtuvieron el privilegio de los gobernantes para dirimir sus disputas por sí mismos mediante una jurisdicción independiente de la ordinaria. Sus jueces tomaron el nombre de cónsules, apareciendo los primeros en ciudades italianas como Pisa y Génova, entre otras.

En Barcelona, en 1243, se reguló el uso de la ribera de Barcelona y en 1258 Jaime II autorizó a los comerciantes a elegir un *cap* para poner ordenaciones, inhibiendo al *bayle* y al *veguer regios* de conocer los asuntos relacionados con el citado uso. En esa

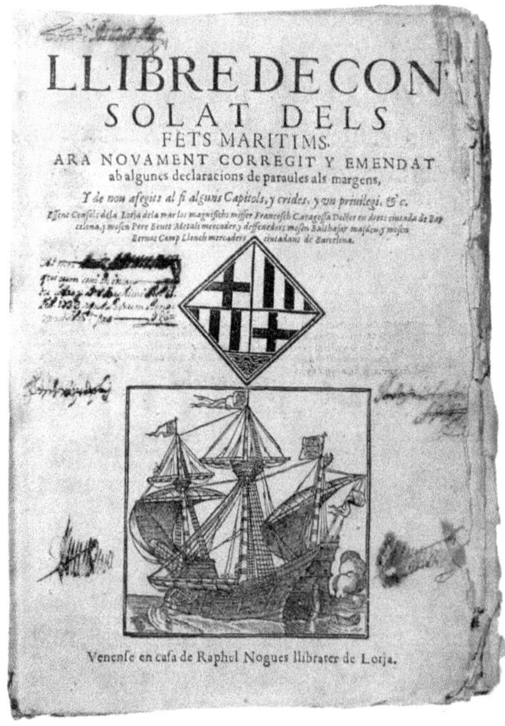

Figura 1.1. El *Llibre del Consolat de Mar* fue una de las compilaciones de derecho marítimo más importantes del Mediterráneo durante la Baja Edad Media y los siglos modernos. En la imagen, portada de una edición barcelonesa del año 1645.

época tomó forma la institución del Consolat de Mar, que en 1283 se creó también en Valencia, a semejanza del de Barcelona.

En las *Costums de la Mar* se recogieron todas las prácticas relativas al mar en la segunda mitad del siglo XIII en Barcelona. Posteriormente, durante la segunda mitad del siglo XIV, el Consolat de Mar de Barcelona procedió a la redacción del famoso *Llibre del Consolat de Mar,* impreso por primera vez en 1484.

Con este trasfondo se forjó la regulación del transporte marítimo hasta los inicios del siglo XIX cuando en Francia apareció el Código de Comercio de 1807, en Gran Bretaña la Merchant Shipping Act de 1894 que recoge todas las prácticas de derecho marítimo utilizadas en el Reino Unido hasta la fecha, mientras que España se reguló por las Ordenanzas de Bilbao de 1737 y, posteriormente, por el Código de Comercio de 1885 que proviene, a su vez, de 1829 como una integración del Código de Comercio francés de 1807 y las Ordenanzas de Bilbao de 1737.

En la actualidad, en la legislación española, el transporte marítimo se regula por:

- La Ley de Navegación Marítima (LNM),[2] que deroga la normativa anterior siguiente:

    - Código de Comercio de 1885 en su libro III.
    - Ley de transporte marítimo en régimen de conocimiento de embarque, de diciembre de 1949.

    La LNM, en la que profundizaremos más adelante, pretende ser un compendio de normas que se aplique a todos los aspectos del transporte marítimo y a las relaciones entre los diversos actores que intervienen en el mismo (el buque, la empresa armadora, la naviera, etc.) y, en su título IV, todos los aspectos del contrato de transporte (fletamento, conocimiento de embarque, etc.).

- La Ley de Puertos del Estado y de la Marina Mercante (LPEMM)[3] que se ocupa fundamentalmente de la regulación de puertos y servicios portuarios.

Conviene también prestar atención, si bien no es de directa aplicación en el ámbito marítimo, a la Ley del Contrato de Transporte Terrestre (Ley 15/2009), ya que en el transporte intermodal, en sus tramos terrestres, se puede aplicar.

---

[2] La Ley de Navegación Marítima (LNM) de 24 de junio de 2014 fue publicada en el BOE n.º 180 de 25 de julio del mismo año.

[3] Texto refundido y publicado en el Real Decreto 2/2011, BOE A-2011-16467.

3 El contenedor

En la actualidad el transporte marítimo está fundamentalmente definido por un elemento, el contenedor.

La aparición a finales de la década de 1960 del contenedor significó una revolución de gran calado en el transporte marítimo, mejorando de manera espectacular sus prestaciones. El contenedor ha supuesto:

- Ahorros en los sistemas y costos de embalaje.
- Ahorros en la seguridad al conseguir evitar y disminuir los robos y las sustracciones.
- Menor tiempo de estancia de los buques en puerto y racionalización de la misma, lo que ha facilitado que las empresas armadoras puedan establecer itinerarios *(schedules)* ajustados en el tiempo y que, a su vez, han permitido planificar la entrega de las mercancías desde sus lugares de producción a los de consumo de manera que se eviten costos de almacenamiento. Todo ello ha mejorado la distribución de productos, incrementando su eficiencia, favoreciendo el desarrollo de los países y la deslocalización de los centros de producción.

El contenedor no es el único medio para transportar la carga en los buques, pero su expansión y la contenerización progresiva de las mercancías hacen de él el principal protagonista del transporte.

Por otra parte, se debe señalar la progresiva especialización del tipo de buque en función de la actividad que se va a realizar (petroleros, gaseros, buques tanque para productos químicos, buques para transportes especiales, buques de eslora inundable, buques ro/ro, buques ro/lo, etc.).

4 La intermodalidad en el transporte de mercancías

La palabra intermodalidad se usó por primera vez en el ámbito del transporte en la Conferencia de las Naciones Unidas sobre Comercio y Desarrollo (CNUCYD), más conocida como UNCTAD, de 1980, donde se manifestó que el transporte intermodal consiste en «la utilización de dos o más modos de transporte, uno o varios transportistas, varios documentos, un solo organizador». A lo que se añadía que el transporte multimodal es «el intermodal con un solo responsable».

En la actualidad, se ha aceptado como definición que el transporte intermodal es el movimiento de mercancías en una única unidad de carga o en un único vehículo de carretera que usa sucesivamente dos o más modos de transporte sin manipular las mercancías fuera de la unidad de carga.

De este modo, la intermodalidad se refiere a un sistema de transporte en el que una sola unidad de carga (contenedor, plataforma de carretera, caja móvil, etc.), se transporta en dos o más medios de transporte en la ejecución de un contrato de transporte puerta a puerta.

Las diferentes combinaciones de modos de transporte que se pueden dar en la intermodalidad son:

– Buque - camión.
– Buque - ferrocarril.
– Buque - ferrocarril - camión.
– Buque - avión.
– Avión - camión.

En la práctica, la intermodalidad también se conoce como transporte combinado o multimodal. En este último caso actúa un solo responsable porque la cuestión es quién asume la cadena de transporte o, en otras palabras, quién se responsabiliza de la correcta prestación del traslado y de la entrega de la mercancía si intervienen diferentes modos de transporte.

Si en el desarrollo de un contrato de transporte se utiliza más de un modo de transporte pero mediante transportistas diferentes en cada caso y con distintos documentos de transporte emitidos por cada transportista en cuestión, no existirán más que operaciones de transporte diferentes.

Únicamente en el caso de que haya un solo organizador o un solo responsable del transporte *(carrier)* que emita un único documento de transporte multimodal (conocimiento de embarque multimodal), se estará delante de un modo intermodal o multimodal.

Conviene recordar de nuevo los preceptos de la UNCTAD:

– Intermodalidad (varios transportistas y un solo organizador).
– Multimodalidad (intermodalidad con un solo responsable).

En la actualidad, está tomando cierta notoriedad el término «comodalidad» para referirse al uso eficiente de los modos de transporte, tanto individualmente como en el marco de la integración multimodal en un sistema de transportes, con el fin de lograr una utilización de recursos óptima y sostenible.

5   Intermodalidad en sentido amplio: multimodalidad

Tras la definición por la UNCTAD de los términos intermodalidad y multimodalidad, el Baltic and International Maritime Council (Bimco) creó un conocimiento de embarque multimodal *(multimodal transport bill of lading* o B/L *multimodal)* para las operaciones en las que se utiliza más de un modo de transporte con un solo responsable del transporte.

Mediante este conocimiento de embarque, el transportista o porteador *(carrier)* se obliga al transporte de la mercancía (contenerizada o no) desde un lugar de origen diferente al puerto de embarque a un lugar de destino, distinto al puerto donde se descarga la mercancía, bien combinando ambos factores o solo uno de ellos, lugar de carga o de descarga.

La práctica extendida en el comercio internacional ha hecho que la propia Fiata genera un conocimiento de embarque multimodal (Fiata *bill of lading* o Fiata B/L) aprobado por la Cámara de Comercio Internacional y utilizable en las operaciones de compraventa en las que se empleen cartas de crédito.

La aplicación de más de un modo de transporte bajo la responsabilidad de un solo organizador u operador y amparado en un conocimiento de embarque multimodal está hoy suficientemente aceptado. Las normas en curso de ratificación en materia de responsabilidad en el transporte, las reglas de Rotterdam, recogen ampliamente este sistema.

No cabe duda de que la generalización del uso del contenedor en el transporte internacional de mercancías ha sido el factor impulsor de la intermodalidad como sistema mundialmente aceptado de transporte. Han sido las propias empresas armadoras las que han sabido interpretar el concepto y las ventajas del sistema en el desarrollo del transporte puerta a puerta.

5.1   La intermodalidad en la Unión Europea

En el ámbito del transporte de mercancías, la Unión Europea (UE) está inmersa en un proceso de largo recorrido para detraer de la carretera la mayor cantidad posible de las mercancías que actualmente se transportan. Esto se debe a los grandes costos y peligros que comportan para los habitantes de Europa la congestión y la contaminación, además de la propia sostenibilidad del sistema.

Para ello la UE ha planificado las TEN-T *(Transeuropean Nets of Transport)* con la finalidad de desarrollar un número limitado de corredores para el transporte de mercancías con origen y destino en una selección de puertos que poseen un significativo volumen de tráfico. Las TEN-T, que atraviesan la geografía de la UE, sirven para la distribución de mercancías de manera rápida, eficaz, inteligente y respetuosa con el medio ambiente, utilizando diferentes modos de transporte además del marítimo que es origen y destino, además de modalidad intermedia en algunos casos.

La intermodalidad, para ser un sistema efectivo, inteligente y respetuoso con el medio ambiente, necesita disponer de:

- **Plataformas intermodales**
  Son aquellas plataformas logísticas donde se produce el intercambio modal entre vehículos de transporte como el caso de las cabeceras y los finales de los corredores principales definidos en las TEN-T.

  Están principalmente ubicadas en puertos marítimos que cuentan entre sus instalaciones con:

  - Terminales marítimas de contenedores.
  - Terminales marítimas para otros tipos de carga (rodada, perecedera, mercancías peligrosas, etc.).
  - Terminales ferroviarias ligadas a las marítimas.
  - Estructura de transporte por carretera asociada a la plataforma logística.
  - Conexión a aeropuertos cercanos.

  En el trayecto desde origen a destino de los corredores de transporte, se encuentran diferentes plataformas logísticas nodales que se unen con los puertos a través de:

  - Enlaces ferroviarios.
  - Vías rápidas de carretera definidas en el corredor.

  Estas plataformas logísticas interiores se conocen también con el nombre de puertos secos.

- **Sistemas inteligentes de comunicaciones**
  Para que el sistema funcione correctamente es necesario que los documentos fluyan de unos puntos a otros de manera rápida y eficaz. Esto se consigue mediante la transmisión electrónica de datos entre los diferentes actores de la cadena intermodal, integrados, adaptados o capaces de intercomunicarse con el sistema del operador responsable de la ejecución del transporte puerta a puerta.

- **Procedimientos operativos integrados**

  El desarrollo efectivo de la intermodalidad en el marco de la UE, como una alternativa coherente a los sistemas clásicos de transporte, requiere la integración de los sistemas operativos de los diferentes países que conforman la propia Unión.

  Sin embargo, en la actualidad la UE no dispone todavía de una «ventanilla única» que permita la gestión unificada de los procedimientos implícitos en el transporte multimodal. Esta gestión hoy en día se produce de manera separada ante las diferentes administraciones (marítima y aduanera, fundamentalmente) de cada país a través de los que transcurre la cadena de transporte.

6   El transporte marítimo de corta distancia (TMCD)

En 1995 la Comisión Europea propuso la siguiente definición del transporte marítimo de corta distancia *(short sea shipping* o SSS): «el transporte marítimo que no implica una travesía oceánica».

En 1999, en una definición revisada (Comunicación 317), se establecía: «Se considera transporte marítimo de corta distancia a la navegación marítima de mercancías y pasajeros entre puertos situados geográficamente en Europa, o entre dichos puertos y otros situados en los países costeros de los mares cerrados que rodean Europa».

Este concepto abarca el transporte marítimo nacional e internacional, incluidos los servicios de buques *feeder* o alimentadores, a lo largo de la costa y con islas, ríos o lagos. Se aplica también al transporte marítimo entre estados miembros de la Unión Europea y Noruega, Islandia y otros países ribereños del mar Báltico, el mar Negro y el Mediterráneo.

Por tanto, esta modalidad de transporte incluye el cabotaje interior de cada país y, en particular, los servicios marítimos regulares entre los puertos continentales y los insulares del mismo país. En España, por ejemplo, muchos de los servicios de transporte marítimo entre las islas Canarias y Baleares y la Península Ibérica se encuadran en el concepto europeo de transporte marítimo de corta distancia y destacan por su regularidad y su alta frecuencia.

Con todo, aunque el transporte marítimo de corta distancia engloba prácticamente todo el tráfico marítimo de origen o destino no transoceánico de los puertos europeos, en la práctica encuentra su sentido como política activa de transporte en su contribución a la formación de cadenas marítimo-terrestres puerta a puerta, en donde además del marítimo se conjugan los modos de transporte terrestres y, en particular, el transporte por carretera para configurar una solución de transporte competitiva además de sostenible y menos contaminante.

Con este enfoque, en el ámbito del transporte marítimo de corta distancia destacan los servicios marítimos regulares con una elevada relación entre calidad y precio, integrados en una cadena marítimo-terrestre puerta a puerta para cubrir relaciones de transporte en las que existe una alternativa terrestre pura.

En este sentido, la complementariedad entre el transporte marítimo y por carretera permite llevar grandes cantidades de carga a grandes distancias a muy bajo costo. La carretera es la opción más flexible, ágil y de relativamente bajo costo en el servicio puerta a puerta en períodos muy ajustados de tiempo, como ocurre en las prestaciones «justo a tiempo» *(just in time)*. En el caso de Europa, ese bajo costo se debe, no obstante, a la no internalización directa de los costos de construcción y mantenimiento, entre otros, de las amplias redes de carreteras. Este hecho no es extrapolable, por ejemplo, a países en vías de industrialización y está hoy en día en revisión debido fundamentalmente a los objetivos de sostenibilidad y no contaminación que se proponen en numerosos países y organismos internacionales.

6.1 Ventajas del TMCD

Entre las principales ventajas que ofrece el transporte marítimo de corta distancia en relación a otros modos de transporte, cabe destacar:

- Menor saturación de las infraestructuras marítimas y menor costo inducido (interno y externo). Los costos externos de la congestión vial durante el año 2001 en la UE significaron el 0,5 % de su PIB.

- Menor consumo energético y vertido de emisiones menos contaminantes a la atmósfera, debido a que el modo de transporte más eficiente en cuanto a la relación distancia/consumo de energía es el marítimo. El incremento de este modo y la disminución en el uso de otros significaría una mejor aplicación del protocolo de Kyoto.

- Mayor seguridad para las personas. Actualmente, el 96 % de los accidentes mortales provocados por el transporte provienen del sector de la carretera. En el mar hay una muerte por cada 100 millones de personas por kilómetro/año, frente a 100 en la carretera.

6.2 Las autopistas del mar

En la UE existe una inquietud permanente por el desarrollo de infraestructuras de transporte alternativas a la carretera. Uno de sus instrumentos más potentes son las autopistas del mar *(motorways of the sea* o MOS).

La política de transporte de la UE potencia las TEN-T con el desarrollo del tráfico terrestre (carretera y ferrocarril) a través de nueve grandes corredores por los que deben circular los mayores flujos de mercancías intraeuropeas. En el origen y el final de cada uno de los corredores se encuentra un puerto marítimo que forma parte de la red de corredores marítimos que interconectan los diversos corredores terrestres (véase la figura 1.2).

De este modo interaccionan una red de corredores terrestres, la TEN-T y una red de corredores marítimos, las autopistas del mar, dando forma en su conjunto a lo que se espera que sea una completa red integrada de transporte intermodal que consiga:

- Eliminar las congestiones en los puntos críticos de la red de carreteras.
- Concentrar los flujos de mercancías en las cadenas de transporte con recorrido marítimo para mejorar las actuaciones con los enlaces existentes.
- Establecer rutas y vínculos regulares, fiables y frecuentes.
- Integrar y simplificar los procedimientos documentales en aduanas y puertos en una ventanilla única.
- Convertir el transporte en una actividad sostenible y económicamente viable.
- Hacer del transporte una actividad respetuosa con el medio ambiente.

Todo ello mediante el desarrollo de cadenas de tráfico intermodales camión-tren, tren-buque y camión-buque que optimicen y hagan más eficiente el uso de las infraestructuras, abarcando el territorio europeo y las regiones adyacentes.

A principios de la década de 2010 se habían identificado diversos corredores marítimos:

- *Autopista del mar Báltico:* enlaza los países Bálticos con los del centro y oeste de Europa, incluyendo la ruta entre el mar del Norte y el mar Báltico.
- *Autopista del oeste de Europa:* desde Portugal y España vía el arco Atlántico hasta el mar del Norte y el mar de Irlanda.
- *Autopista del sureste europeo:* conecta los mares Adriático y Egeo con la parte este del mar Mediterráneo, incluyendo a Chipre.

Figura 1.2. Mapa de las rutas de los principales corredores marítimos europeos.

— *Autopista del suroeste europeo:* comprende la parte oeste del mar Mediterráneo enlazando España, Italia y Malta, con término en la autopista del sureste europeo.

Así pues, las autopistas del mar establecen puentes marítimos entre rutas logísticas, permiten retirar camiones de la carretera para embarcarlos en buques tipo ro/ro y contribuyen a reducir las congestiones.

Sin embargo, los objetivos en este campo son más ambiciosos y las líneas estratégicas de las TEN-T, en lo que se refiere a las autopistas del mar, persiguen impulsar proyectos basados en rutas de transporte marítimo de corta distancia, puertos, infraestructuras marítimas asociadas, equipos, facilidades y simplificación administrativa de las formalidades, capacitando a los servicios marítimos o marítimo-fluviales a operar como mínimo en dos puertos incluyendo las conexiones del territorio interior de influencia del puerto *(hinterland)*.

De este modo, las autopistas del mar pasan de ser un mero enlace marítimo entre puertos a una integración con la red TEN-T para potenciar el transporte intermodal que alcanza incluso a los tráficos con regiones vecinas y no comunitarias, como son los países del sur del Mediterráneo.

Capítulo 2
Los actores

1   El cargador y el fletador

El cargador es la persona física o jurídica que entrega la mercancía a la naviera, al capitán del buque o a su agente en el puerto de carga para que sea transportada por vía marítima al destino pactado.

En el conocimiento de embarque, que se tratará más adelante, se define a este como embarcador *(shipper)*.

En la contratación de un buque por entero o mediante póliza de fletamento se conoce con el nombre de fletador *(charterer)* a aquel que contrata el transporte y paga el flete (el transporte marítimo).

La figura del cargador coincide con la del fletador cuando es el propio cargador el que contrata el flete. Cuando se expongan las reglas Incoterms se analizarán las modalidades de compraventa internacional y las funciones del comprador y vendedor, así como sus respectivas responsabilidades.

El cargador puede actuar por sí mismo o mediante un agente con capacidad jurídica y profesional (representante aduanero, transitario, etc.). Cuando este actúa por cuenta del cargador, se ocupa de las gestiones necesarias para poner la mercancía a disposición del buque contratado para su transporte.

2   El acarreador

Esta figura progresivamente ha cobrado importancia en el transporte marítimo con el desarrollo del tráfico de contenedores y la disminución de los costos del flete.

Figura 2.1. Descarga de una pala de un aerogenerador para su acarreo en una terminal portuaria.

Toda la mercancía que se va a transportar por vía marítima debe ser entregada en el puerto de carga y, por consiguiente, debe ser trasladada, acarreada, hasta allí desde su lugar de origen, fábrica de producción o almacén de acopio, por ejemplo.

La empresa acarreadora dispone de equipos adecuados (vehículos, plataformas, equipos de manutención, etc.) para el transporte de la carga hasta el puerto de salida y realiza todas las operaciones necesarias para ello.

3   El transitario

La figura del transitario[1] es relativamente moderna. En general se acepta que apareció en el siglo xix en los países del norte y del centro de Europa.

Se encarga de organizar el transporte y se puede definir como el arquitecto del transporte, el gestor de la cadena de suministro o el proveedor de servicios logísticos.

Los cargadores necesitan los medios de transporte más idóneos para cada viaje y mercancía, mientras que las navieras, con sus líneas marítimas, necesitan carga para sus barcos. Las relaciones entre unos y otros se han ido haciendo cada vez más complicadas con la eclosión del transporte y el aumento de la oferta y la demanda.

---

[1] *Freight forwarder,* en inglés; *commissionaire transit,* en francés; *spediteur* en alemán.

Figura 2.2. Operación de carga de un buque de carga general.

Una empresa cargadora no tiene acceso a todas las posibilidades que se ofrecen para el transporte de sus mercancías y, a su vez, una naviera no conoce a todos los posibles cargadores que pueden optar a embarcar sus mercancías en los barcos que pone en el mercado.

Esta es la función primordial de la empresa transitaria y la razón de su presencia en el mercado consiste en organizar el mejor transporte para sus clientes en función de las diferentes ofertas que pueden haber y que conoce a través de la investigación del mercado y de la experiencia.

El transitario es de gran utilidad para el cargador, ya que le facilita el trabajo de organización y de gestión del transporte, y lo es también para la naviera, pues le permite llegar a unos segmentos del mercado mucho más amplios de los que podría abarcar por sí sola.

4   El representante aduanero

En el momento en el que un Estado establece impuestos para la importación con el objetivo de proteger sus industrias y su comercio de los productos de terceros países (aranceles), cobra sentido la función del representante aduanero. Esta figura la ejercen personas físicas o jurídicas, dependiendo de la legislación de cada país, que realizan las gestiones necesarias ante los organismos de la Administración que recaudan los impuestos (aduana) a la importación.

Los representantes aduaneros actúan también como colaboradores de la Administración en la exportación de mercancías. Aunque la exportación no supone ingresos para el Estado, su vigilancia y el cumplimiento de la legislación propia e internacional exigen un control documental del que se ocupan los representantes aduaneros.

La globalización, que ha derivado en la supresión de numerosas barreras arancelarias, hace que la figura del representante aduanero sea la autorizada por la Administración del Estado para efectuar las gestiones tendentes a realizar el despacho aduanero de una mercancía.[2] Se ha de considerar además la figura del operador económico autorizado que puede también realizar gestiones aduaneras de un mismo nivel que el representante aduanero.

5   El estibador

La estiba es la técnica de colocar la carga a bordo para que sea transportada de manera segura para el buque y su tripulación, evitando averías en la misma, ocupando el menor espacio posible y reduciendo al mínimo las demoras en el puerto de descarga.

Así, se pueden identificar los siguientes aspectos como objetivos de toda buena estiba:

– Proteger el buque, su tripulación y la carga de daños y averías.
– Aprovechar la capacidad del buque para poder acoger el máximo de carga.
– Hacer la estiba de manera que las operaciones portuarias sean lo más rápidas posibles.
– Programar la estiba de modo que la carga se coloque por orden de la rotación del viaje y pueda ser descargada sin demoras ni riesgos.

Por lo tanto, hay que considerar la seguridad y la economía como dos elementos básicos en el proceso de la estiba.

En la Edad Media ya existían asociaciones de trabajadores portuarios que ofrecían el servicio de estiba a los comerciantes mediante barcas cuando no había muelles, directamente con los medios del barco o a mano. En el pasado también se utilizó el término «arrumaje» aplicado únicamente a la manipulación de bocoyes, pipas y

---

[2] El representante aduanero es la figura que está relevando a la del agente de aduanas. La legislación española confiere las funciones que antes ejercía el agente de aduanas al representante aduanero a través de la aplicación de la normativa de la UE, mediante el RD 335/2010.

barriles. La Real Academia Española se refiere al estibador como el «que se ocupa en la carga y descarga de un buque y distribuye convenientemente los pesos en él».

Por lo tanto, la cuestión básica de la estiba es la forma y el lugar del buque donde hay que acomodar mercancías con un determinado embalaje teniendo en cuenta, además, su destino. Esta operación, que históricamente tuvo un fuerte contenido manual y exigía un gran esfuerzo físico, se llevaba a cabo de maneras muy diversas.

La evolución tecnológica de las últimas décadas ha supuesto cambios muy importantes en las tareas y en el número de estibadores portuarios pero, aunque su organización profesional también ha registrado modificaciones sustanciales, ha mantenido una tradicional actitud de grupo concienciado en la defensa de sus intereses.

Con el progresivo incremento del transporte y la mejora de los equipos técnicos surgieron empresas en los puertos dedicadas a estos menesteres mediante los medios adecuados, como grúas o carretillas elevadoras, integrando así a los trabajadores portuarios en su organización.

En la actualidad las empresas estibadoras reciben la mercancía a su llegada a puerto, la descargan del medio de transporte terrestre que la traslada al puerto desde su lugar de origen, la acomodan en la zona adecuada y prevista para ser cargada en el buque nominado en su fecha y, finalmente, la cargan a bordo en el lugar asignado por el capitán.

Las mismas funciones, pero en sentido contrario, desempeñan las empresas estibadoras en el caso de la importación de mercancías. Es decir, desestiban las

Figura 2.3. **Operación de descarga de mercancía general paletizada.**

Figura 2.4. Operador portuario en la cabina de una grúa pórtico
para contenedores de una terminal portuaria.

mercancías, las acomodan en la zona designada y las entregan al camión que viene a por ellas.

Los puertos acostumbran a agrupar los servicios de estas empresas favoreciendo la creación de empresas estibadoras de gran tamaño. Esto se debe a que las inversiones en medios para operar los buques portacontenedores exigen movilizar elevadas sumas de capital. Estas grandes empresas estibadoras también se conocen como terminales, debido a su ubicación en una terminal portuaria.

Desde el último cuarto del siglo xx el contenedor ha revolucionado el trabajo de las empresas estibadoras. Uno de los factores que más preocupa a las empresas navieras es el concepto de productividad que, de acuerdo con los criterios internacionalmente utilizados por estas, es la cantidad de movimientos de carga y descarga de contenedores por hora que realiza la estibadora que opera en una terminal portuaria.

Aunque la productividad podría analizarse desde diferentes criterios, variables e indicadores, en la logística de las operaciones con contenedores prevalece el criterio de ahorro de costos portuarios derivados del tiempo de estancia del buque en la terminal, actividad que está en manos de las estibadoras y de una correcta planificación portuaria.

Desde un punto de vista global, la prevalencia del transporte marítimo frente a otros modos de transporte, especialmente en la compraventa internacional de productos, hace que los puertos sean lugares esenciales para establecer la conexión con las comunicaciones terrestres y para la economía de cualquier país, lo que confiere a las empresas estibadoras y a otras operadoras portuarias una gran relevancia para su buen funcionamiento.

6 El puerto

Los puertos marítimos son interfaces entre los distintos modos de transporte y normalmente son centros de transporte combinado. Además, en la actualidad cumplen la función de áreas multifuncionales comerciales e industriales donde las mercancías no solo están en tránsito sino que también pueden ser manipuladas, manufacturadas y expedidas para su distribución comercial. Así, al tratarse de sistemas multifuncionales, los puertos se deben analizar como integrantes de la cadena logística global. Un puerto eficiente requiere tanto de infraestructuras, superestructuras y equipamientos adecuados como de buenas comunicaciones y, especialmente, de un equipo de gestión dedicado y cualificado con mano de obra eficiente y bien preparada.

A lo largo de la historia las funciones de los puertos marítimos han cambiado. Cada puerto ha evolucionado según las necesidades demandadas y, cuando estas no han sido cubiertas satisfactoriamente ha disminuido la relevancia del puerto.

La función de refugio, uso primigenio de todos los puertos, ha permanecido a lo largo del tiempo, incorporando progresivamente otras funciones relacionadas con la transferencia, la manipulación y el almacenamiento de la carga y, finalmente, con la cadena logística global del transporte.

El puerto también se puede definir como un territorio del entorno marítimo destinado a actividades económicas relacionadas con el transporte de cargas y de pasajeros por vía marítima.

Figura 2.5. Terminal de contenedores del puerto de Busán, en Corea del Sur.

El concepto de infraestructura y territorio es fundamental para distinguir el puerto de una entidad o empresa comercial común, como lo es también el concepto de gestión asociada a su función.

En relación con las funciones que desarrollan, los puertos han evolucionado de acuerdo con las exigencias del mercado del que son subsidiarios, clasificándose habitualmente, según su grado de implicación en dicho mercado, en distintas generaciones de puertos (véase la tabla 2.1):

- **Puertos de primera generación**

   Son aquellos cuya función se limita práctica y exclusivamente a la reserva, construcción y uso de los espacios portuarios para la recepción, el almacenamiento y la entrega de mercancías. El puerto está desconectado de las vicisitudes del mercado y no participa activamente en su promoción y desarrollo. Este tipo de puertos suelen situarse actualmente en países en vías de desarrollo o de economía centralizada, disfrutando de una situación de monopolio. Preferentemente atienden tráficos de materias primas como graneles líquidos o sólidos y pequeños volúmenes de mercancía general. En algunos casos se trata de tráficos cautivos cuya prioridad en el despacho o almacenamiento vienen impuestos por los usuarios, que pueden ser empresas realizando tráficos relacionados con la Administración del Estado.

- **Puertos de segunda generación**

   Integran servicios que se corresponden con su participación en la cadena logística global del transporte y su consideración como área multifuncional, industrial y comercial. Son puertos enclavados en áreas de moderado desarrollo, con cierta precariedad económica y tecnológica, pero con suficiente capacidad de gestión para desarrollar una significativa función comercial.

- **Puertos de tercera generación**

   Además de las funciones anteriores, los puertos de tercera generación se caracterizan especialmente por su orientación al cliente, la calidad de los servicios prestados y la promoción y el desarrollo de servicios de valor añadido como la logística y la intermodalidad. Asimismo, facilitan y refuerzan la cohesión de la comunidad portuaria y el uso y la difusión de las nuevas tecnologías de la información.

   Estos aspectos distintivos son condiciones básicas para cualquier puerto que pretenda participar en un mercado libre y competitivo ya que las demandas del cliente han pasado a ser prioritarias y el puerto debe orientar y encaminar su estrategia a satisfacerlas.

Primera generación	Segunda generación	Tercera generación	Cuarta generación	Quinta generación
• Habitual antes de la década de 1960 • Básicamente carga general • Operaciones de carga, descarga y almacenaje • Oferta de servicios simples • Aislados del resto de actividades logísticas • Sin integración entre actividades portuarias	• Habitual tras la década de 1960 • Alguna especialización (líquidos y sólidos a granel) • Actividades de transformación de la carga y servicios comerciales • Servicios más complejos: mayor valor añadido • Mayor integración en la cadena del transporte • Poca integración de las actividades portuarias	• Habitual tras la década de 1980 • Alta especialización • Servicios industriales, logísticos, comerciales y de distribución • Orientado al cliente y a la calidad del servicio • Promoción de servicios de valor añadido, logísticos e intermodalidad • Facilitación y refuerzo de la comunidad logística portuaria: integración entre operadores • Uso y promoción de las TIC	• Tendencia actual/futura • Las autoridades portuarias como *cluster managers* • Diversificación de actividades más allá de la zona portuaria • Completa integración en la cadena de suministros • Servicios de alto valor añadido • Orientación a la cadena logística • Creación de redes intermodales (puertos en red)	• Tendencia futura • Compartir conocimientos • Compromiso en las operaciones, confianza • Toma de decisiones colaborativa
			Puertos en red **Comunidad portuaria** **Servicios logísticos integrados**	**Logística colaborativa** **E-logistics network** **Aprendizaje colaborativo** **Espacio de relaciones entre operadores** Puerto en red Comunidad Portuaria Servicios logísticos integrados
		Centro logístico **Plataforma internacional de comercio**	Centro logístico Plataforma internacional de comercio	Centro logístico Plataforma internacional de comercio
	Centro transporte y distribución	Centro transporte y distribución	Centro transporte y distribución	Centro transporte y distribución
Interfaz mar-tierra	Interfaz mar-tierra	Interfaz mar-tierra	Interfaz mar-tierra	Interfaz mar-tierra

Tabla 2.1. Evolución de los puertos según las generaciones portuarias (fuente: Autoridad Portuaria de Barcelona).

La primera función para satisfacer al cliente es la prestación de unos servicios de calidad y, en este sentido, los puertos de tercera generación han incorporado sistemas de calidad total, continua y concertada en la gestión de sus servicios.

En estos puertos la inevitable ruptura de cargas debida al cambio modal es aprovechada para desarrollar actividades de valor añadido como la clasificación, la personalización, el empaquetado, el montaje, el procesado de la mercancía o su almacenaje temporal y su expedición para la distribución, entre otras posibles operaciones.

Estos servicios son una parte de la logística y, junto con el desarrollo intermodal, hacen del puerto de tercera generación un elemento básico en la cadena de transporte puerta a puerta.

- **Puertos de cuarta generación**
  Son también conocidos como puertos en red. Como características principales destacan la internacionalización y diversificación de sus actividades, las redes telemáticas entre zonas portuarias y la cooperación entre comunidades portuarias, lo que permite al puerto hacer una oferta de servicios integrados.

- **Puertos de quinta generación**
  En el caso de los de quinta generación, nace la tendencia de la logística colaborativa *(e-logistics networks)*, así como el aprendizaje colaborativo donde el puerto se convierte en un espacio para las relaciones entre operadores.

Cualquier modo de transporte utiliza tres elementos esenciales para desarrollar su función. Estos son la vía, la terminal y los vehículos.

Asimismo, los modos y medios de transporte están sometidos a un principio general de toda su operativa: la necesidad de mantener el transporte en actividad. En otras palabras, cualquier forma de transporte solo genera beneficios cuando está haciendo el trabajo para el que fue diseñado, es decir, transportando pasajeros o mercancías. En cualquier otra situación está generando pérdidas. Este principio es perfectamente aplicable al caso del buque y a su estancia en puerto.

Por este motivo, la reducción del tiempo de estancia en puerto permite aumentar el tiempo disponible para hacer viajes adicionales, además de reducir el costo en que incurre el buque durante su estancia en el puerto.

Cuanto más alto es el costo del medio de transporte, más importante es asegurar la máxima utilización posible.

En el puerto coinciden físicamente las vías correspondientes a todos los modos de transporte, excepto el aéreo. Estos son:

– Carreteras.
– Vías de ferrocarril.
– Vías navegables.
– Rutas marítimas.
– Tuberías de los sistemas de transporte por tubería.

Así, el puerto actúa como una terminal para todos los modos de transporte y como un nodo de transferencia en las redes de transporte, aunque las conexiones físicas de la red, por sí solas, no reúnen las condiciones necesarias para transportar la carga.

Los diferentes tipos de vehículos terrestres y buques efectúan el movimiento de la carga y confluyen en los puntos de conexión o nodos que han sido diseñados para operar y asegurar un uso eficiente en función de cada medio. No obstante, las diferencias en el flujo de carga en las conexiones y las características de los distintos modos de transporte hacen que los vehículos terrestres y los buques necesiten esquemas operativos diferentes.

Para hacer posible la transferencia de mercancías de un modo de transporte a otro (intermodalidad), en la medida en que cada uno opera de manera independiente, el puerto, a través de la terminal que corresponda, debe suministrar conectividad no solo en términos del equipo de manipulación apropiado, sino que también debe cubrir los huecos que se produzcan entre modos de transporte en términos de frecuencia, capacidad y tiempo. Es decir, el puerto debe ser capaz de atender a los medios de transporte terrestre y a los buques, así como al equipo de manipulación en el tiempo deseado y a la velocidad requerida.

Para cubrir dichos huecos, el puerto debe disponer también de las infraestructuras necesarias, de los equipos y de las instalaciones de almacenaje.

Por otro lado, además del flujo físico de la carga hay un flujo administrativo a través del puerto que incluye las tramitaciones y actividades aduaneras, la transferencia de propiedad y de riesgo, el pago de servicios, etc.

Este flujo se desarrolla en la mayoría de los puertos modernos de manera electrónica con el apoyo de las tecnologías de la información, lo que se conoce como la infoestructura portuaria.

Finalmente, además del flujo de la carga y de la información existe el flujo de los propios medios de transporte, los buques y vehículos terrestres que en su conjunto concentran un mercado potencial de servicios de valor añadido que es posible ofertar en el puerto.

El puerto debe promover la integración entre los modos de transporte que confluyen en él, es decir, en la cadena intermodal de transporte. Esto significa que el puerto debe disponer de las infraestructuras óptimas, adecuadas a las exigencias del tráfico. A la vez deben prestarse los servicios necesarios en el menor tiempo posible y con el mínimo costo. Para ello, el puerto debe facilitar el flujo continuo de mercancías y de información evitando cualquier tipo de obstáculo.

6.1 *Puertos* hub *y puertos* gate

Como se observa en la figura 2.6, los puertos concentradores o *hub* se pueden dividir en tres grupos. El primero está constituido por los puertos de tipo global, es decir, los grandes puertos internacionales dedicados al tráfico de contenedores que operan como centros logísticos de concentración, procesamiento y distribución de flujos de mercancías e información a escala transcontinental. En estos puertos *hub*, ubicados básicamente en el hemisferio norte, descargan gigantescos buques portacontenedores que vinculan, a través de densos corredores de transporte multimodal, a los principales bloques económicos del planeta.

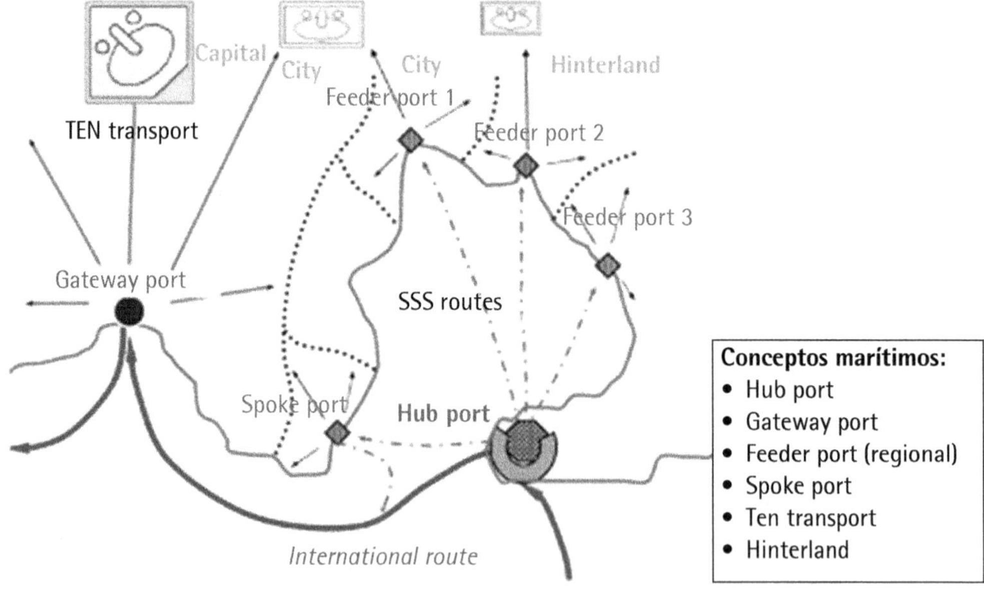

Figura 2.6. **Tipología e interrelación entre puertos concentradores o** *hub.*

En el segundo se localizan los puertos *hub* regionales que también desarrollan una función de concentración y distribución de flujos pero en una escala menor, pues se vinculan a áreas subcontinentales con los principales bloques económicos.

En tercer lugar están los puertos alimentadores *(spoke* o *gate port),* ubicados en países o regiones que generan una baja densidad de flujos y que, por lo tanto, son atendidos por buques de menor eslora que transportan la carga a los puertos *hub* regionales o globales donde esta será redistribuida hacia su destino final.

En resumen, los puertos *hub* se caracterizan por disponer de una amplísima red de interconexión con los diferentes modos de transporte, centrados mayoritariamente en el transbordo por vía marítima, sin dejar de lado al resto de modalidades que puedan desarrollarse en su zona de influencia exterior *(foreland).* Los puertos *spoke* o *gate* son los que sirven directamente a las zonas geográficas donde están localizados y a su zona de influencia interior *(hinterland).* En la figura 2.7 se pueden observar los principales puertos *hub* del Mediterráneo.

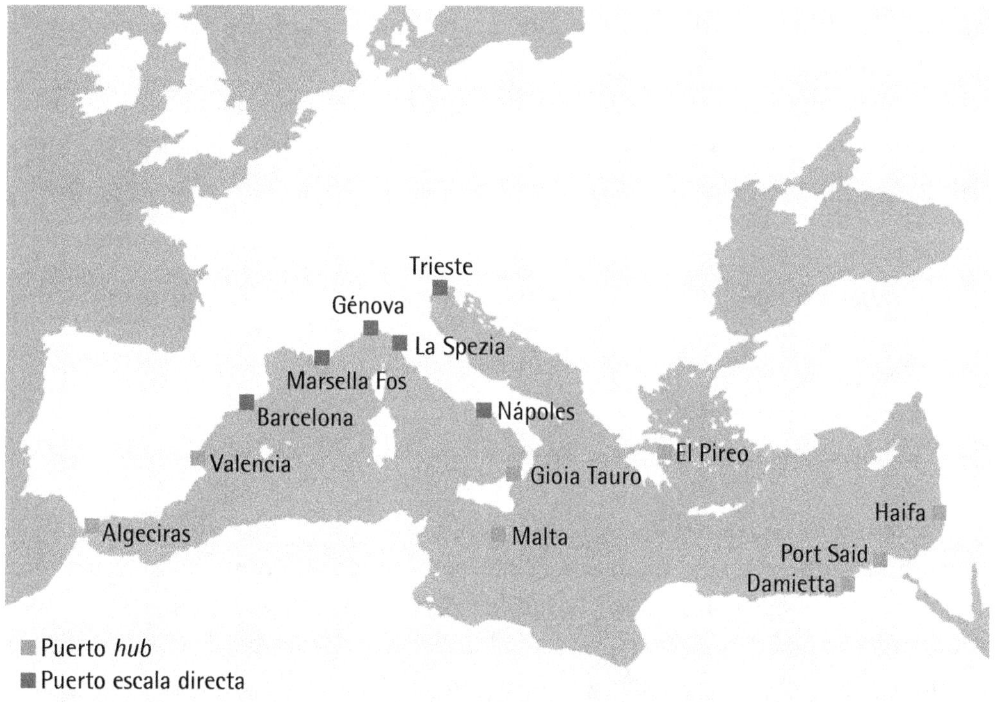

Figura 2.7. Principales puertos concentradores o *hub* del Mediterráneo.

7   Terminal portuaria

Es la instalación portuaria que constituye la interfaz entre el modo de transporte marítimo y los demás modos de transporte. Las terminales se integran en el conjunto de infraestructuras portuarias junto con las instalaciones y sistemas auxiliares, las cuales deben contribuir a su funcionamiento de forma segura y eficiente y a la actividad del propio puerto.

En una terminal de contenedores se reciben estas unidades de transporte llenas para la exportación y son trasladadas en el interior de la terminal por las empresas acarreadoras. A continuación los contenedores son apilados en zonas concretas en función de las fechas previstas de carga del buque designado y contratado por la empresa cargadora o la transitaria. Se inspeccionan por parte de la aduana, si esta lo considera necesario, y finalmente se cargan a bordo del buque que llevará las mercancías al puerto de destino. En el caso de la importación se efectúan las mismas operaciones pero en sentido contrario.

Las terminales son las zonas donde los buques realizan las operaciones de carga y descarga de las mercancías o pasajeros, las llamadas zonas de atraque. Deben estar provistas de infraestructuras de acceso que faciliten el paso del barco al puerto en condiciones de seguridad, garantizando una anchura y un calado adecuados para la maniobrabilidad.

En la operativa portuaria, aunque existen terminales polivalentes, estas infraestructuras tienden a especializarse en unos determinados tipos de carga, como por ejemplo:

- Mercancía general.
- Graneles sólidos.
- Graneles líquidos.
- Pasajeros.
- Productos refrigerados.
- Contenedores.

Algunas terminales están especializadas en determinados subtipos de cargas como hidrocarburos, gases licuados de petróleo, productos químicos, carbón, etc.

Las terminales de contenedores cumplen la función de intercambiador intermodal dotado de una determinada capacidad de almacenamiento que permite regular los diferentes ritmos de llegada de los medios de transporte terrestre y marítimo. Asimismo, a diferencia de otros tipos de terminales portuarias, pueden alcanzar un alto grado de sistematización debido a:

Figura 2.8. Terminal portuaria polivalente.

- La uniformidad física del elemento transportado, el contenedor.
- La estandarización en los sistemas de manipulación portuaria.
- El elevado nivel de intercambios que se precisan.
- La importante repercusión de la tecnificación en la rentabilidad de la terminal.

El objetivo fundamental de una terminal de contenedores es proporcionar los medios y la organización necesaria para que el intercambio de contenedores entre los modos de transporte terrestre y marítimo se produzca en óptimas condiciones de rapidez, eficiencia y seguridad respecto al medio ambiente y la economía.

Las autoridades portuarias habitualmente concesionan la gestión de los espacios portuarios y su planificación a las terminales. Las empresas concesionarias, en muchos casos multinacionales, gestionan por un tiempo determinado dicha concesión, que suelen ser durante períodos de treinta años.

8   Plataforma logística

De acuerdo con la definición de la asociación Europlataforms[3] se trata de «una zona delimitada en el interior de la cual se ejercen, por distintos operadores, actividades

---

[3] Agrupación de ámbito europeo de interés económico que reúne a más de sesenta plataformas logísticas.

relativas al transporte, la logística y la distribución de mercancías, tanto para el tránsito nacional como para el internacional».

Las plataformas logísticas, también conocidas como centros logísticos, disponen habitualmente de una serie de áreas funcionales:

- **Áreas de servicios a personas y vehículos**
  Se incluyen aquí tanto las áreas de servicios a personas, con restaurantes o áreas de descanso, por ejemplo, como las estaciones de servicio, talleres, lavados, etc., para vehículos. También disponen de oficinas destinadas a labores administrativas y comerciales (banca o seguros, por ejemplo) y a tramitaciones relacionadas con aduanas, mercancías peligrosas o perecederas, etc.

- **Áreas logísticas al servicio de operaciones logísticas**
  Se desarrollan actividades de almacenamiento, manipulación, preparación de pedidos, etiquetado, distribución física capilar, etc., a través de operadores logísticos o empresas distribuidoras.

- **Áreas intermodales**
  Sirven para facilitar operaciones de intercambio modal donde intervienen empresas transitarias, transportistas, operadores logísticos, etc.

Los centros logísticos permiten a los usuarios reducir los costos de gestión y aumentar la rapidez de circulación de las mercancías, lo cual puede repercutir en el precio final del servicio y en la calidad del mismo.

La clasificación más sencilla incluye infraestructuras logísticas que pueden ser monomodales o multimodales y se conocen como:

- **Puerto seco**
  Es un tipo de terminal intermodal de mercancías situado en el interior de un país o zona de referencia, conectado a los puertos más cercanos mediante el ferrocarril o la carretera.

- **Centro integrado de mercancías (CIM)**
  Se trata de una plataforma logística de un único modo, la carretera, que da servicio al entorno de un área geográfica industrial y de consumo. No posee ferrocarril pero dispone de los servicios complementarios necesarios para los vehículos (como talleres y hoteles para los conductores) o servicios complementarios (como restaurantes, bancos, etc.). Puede ser equivalente a un centro de transportes.

Figura 2.9. Vista aérea de la CIM Vallès, en Barcelona, con entrada
y salida directa a grandes vías de comunicación.

- **Zona de actividades logísticas (ZAL)**
  Está concebida como un espacio delimitado alrededor de un puerto y cercano
  a alguna terminal de contenedores. Habitualmente este tipo de plataformas
  dispone de una zona logística con un área de servicios intermodales, como
  ferrocarril o aéreo, y se utiliza la carretera para la comunicación con las terminales del puerto.

9   El consignatario o agente de buques

Esta es una figura histórica que, como todas, está sufriendo los cambios que impone
la globalización.

Cuando un armador organizaba viajes con sus barcos, pero dejaba de ir a bordo de
los mismos, necesitaba la asistencia de alguien en el puerto o en los puertos de destino que atendiera a los intereses de su barco. Si los viajes se repetían y se convertían
en regulares, esta necesidad se manifestaba más intensamente. Aparecieron entonces
los agentes de buques *(ship agents)*.

El agente de buques es la persona física o jurídica, debidamente registrada en los
organismos de la Administración, que atiende las necesidades de los buques durante
su estancia en puerto (o puertos) del país donde reside el consignatario. Representa
a la naviera y a sus intereses delante de las autoridades del país donde el buque se

encuentra. También se encarga de aprovisionar al buque, si es necesario, y de todas las cuestiones de su representación legal.

Cuando las navieras realizan su servicio de transporte de manera regular, con escalas periódicas y planificadas en un puerto, el agente se convierte en una figura de gran importancia por sus fines comerciales. Gracias a su conocimiento del propio país, tiene acceso a información sobre personas o empresas interesadas en recibir mercancías o enviarlas a través del servicio marítimo de la naviera a la cual representa. Además, el agente de buques hace las veces de agente comercial para la captación de demanda de transporte o flete, labor por la que obtiene una remuneración de la naviera.

En la actualidad, las economías de escala y la celeridad de los transportes y de las comunicaciones, han llevado a debilitar la figura del agente de buques frente a las navieras. Hoy en día se puede viajar en avión a cualquier parte del mundo para resolver un problema, la informática y las comunicaciones permiten centralizar las administraciones de las compañías marítimas en un solo punto y las economías de escala han propiciado la aparición de grandes navieras que ejercen un férreo control sobre sus ingresos y sus gastos. Todo ello ha favorecido que las navieras sean las que creen sus propias agencias en los puertos de mayor interés para sus tráficos, prescindiendo de la tradicional relación que mantenían con los agentes locales. Los agentes locales, por su parte, o bien han ido desapareciendo o han enfocado su actividad hacia otros aspectos del negocio marítimo.

10   El transportista marítimo

Es la persona física o jurídica que toma el compromiso ante un cliente *(merchant* o comerciante) de transportar de un lugar a otro unas mercancías por mar y le entrega como prueba del contrato su propio conocimiento de embarque debidamente firmado.

En sus inicios el mercader era el propio dueño de la nave o participaba de su propiedad de manera que había una identificación entre transportista y comerciante. En el siglo XIV surgió la figura del transportista independiente del comerciante y se originaron las aventuras empresariales que tuvieron como único objeto de negocio el transporte marítimo de mercancías. Esta actividad se consolidó en el siglo XVIII y eclosionó en el XIX, cuando se crearon las grandes compañías navieras. Como ejemplo se puede citar la conocida P&O, fundada en 1840.

Las compañías marítimas eran las propietarias de sus buques y, en el caso de aventuras empresariales unipersonales, se conocía al propietario con el nombre de armador o naviero indistintamente. A día de hoy la LNM define claramente las dos figuras.

Actualmente, debido a la sofisticación de los métodos financieros, ocurre con frecuencia que el propietario del buque no ejerce la actividad del transporte. Financia su construcción como una inversión y luego lo alquila a una compañía marítima por un tiempo determinado durante el que explota el buque económicamente.

Se da además la circunstancia de que hay compañías marítimas que alquilan a un tercero secciones de buque o bien una, dos o tres bodegas y, en el caso de contenedores, una o dos terceras partes o la fracción correspondiente de la capacidad del buque. Este caso, que se inició en el tráfico del este a oeste del océano Atlántico en la década de 1970, dio lugar a la aparición de la figura del operador de transporte marítimo sin buque propio o NVOCC *(non vessel operator common carrier)*.

Por su parte, se conoce como *common carrier* al transportista marítimo que sí ostenta la propiedad de su buque.

La expresión NVOCC se ha extendido de manera que se aplica a aquel que toma sobre sí la responsabilidad del transporte delante del comerciante y emite su propio conocimiento de embarque.

11 El receptor

La cadena del transporte finaliza en la figura del receptor de la mercancía o consignatario de la carga. En los conocimientos de embarque se registra su referencia en el apartado «consignee».

Su figura coincide con la del comprador de la mercancía *(consignee* o consignatario de la mercancía) o de aquel que actúe por delegación del comprador.

La figura del receptor toma más importancia en los casos de venta de mercancía con transporte contratado o pagado en destino. En muchas ocasiones sucede que los vendedores no están interesados, por diversas razones, en tomar sobre sí la responsabilidad de contratar el transporte ni correr los riesgos de la aventura marítima, cosa que entonces hace el comprador y receptor que, en este caso, se convierte también en fletador y toma la posición de *merchant* delante del transportista marítimo que él mismo contrata.

12 La compañía de seguros

El seguro marítimo es el seguro por excelencia y, de hecho, es el origen de los seguros. Esto es así por las circunstancias especiales que concurren en la aventura marítima en términos de riesgos para el buque o la carga que este transporta.

Los primeros contratos aparecieron en el Mediterráneo en el siglo XIII y se registraron en las *Costums de la Mar* en lo que se refiere a España. Francia los registró en el siglo XIV y la institución que se hizo más famosa, el Lloyd's de Londres, que tomó su nombre del café propiedad de Edward Lloyd en el que se reunían armadores y aseguradores, se consolidó como institución de seguros en 1688.

Conviene resaltar que, aunque los países que más han destacado en la historia del comercio marítimo (España, Francia y Reino Unido, entre otros) tienen su propia estructura en lo que se refiere al seguro marítimo, es la normativa inglesa la que prevaleció a partir del siglo XVIII y son las pólizas y condiciones inglesas las que predominan en el mercado internacional desde esa fecha.

El seguro marítimo es de carácter indemnizatorio y, por tanto, se puede afirmar que la compañía de seguros es la empresa económica que tiene por objeto la cobertura de los riesgos que buque o carga soportan en la ejecución del contrato de transporte marítimo.

En el caso de materialización del riesgo en un perjuicio claro y determinado, la compañía de seguros pagará la indemnización pactada en el contrato de seguro a aquel designado como asegurado o beneficiario. Previamente, el propio asegurado o el tomador del seguro deberán haber pagado a la compañía de seguros la prima del seguro.

En un capítulo aparte se considerarán con detalle los diversos aspectos del seguro marítimo y su contrato.

Capítulo 3
Los elementos físicos

1 Antecedentes

A pesar de que no se conoce cuándo aparecieron exactamente las primeras embarcaciones, es probable que las sociedades más primitivas emplearan troncos o pieles de animales inflados para atravesar ríos y lagos.

La balsa o armadía, formada por varios troncos unidos, es el artefacto más simple para navegar. El barco más sencillo es la canoa, construida ahuecando el tronco de un árbol y cuya función es transportar a una o más personas.

En el Antiguo Egipto las primeras embarcaciones se construían con papiros o juncos. En las pinturas egipcias en las que aparecen barcos, estos estaban formados con un mástil de dos palos unidos en la parte superior de donde se enganchaban las velas.

Posteriormente se utilizaron mástiles sencillos y las velas se izaban mediante rodillos situados en lo alto de estos. Se maniobraba mediante uno o dos remos o espadillas que sobresalían a popa de la embarcación. En el caso de que se utilizara más de una espadilla para gobernar se unían entre sí y se accionaban mediante una palanca de mando o caña a modo de timón.

En América y en Oceanía los indígenas fabricaban piraguas, unas embarcaciones largas y estrechas, mayores que la canoa, construidas de madera en una pieza o de varias piezas unidas con fibras.

Las primeras civilizaciones orientales, aproximadamente 3,000 años aC, empleaban embarcaciones pequeñas de madera cuyo principal medio de propulsión eran los remos, con la vela como elemento auxiliar. En esa misma época, los egipcios, guiados por los fenicios, fueron transformando sus embarcaciones para poder navegar en el mar.

En Fenicia, hacia el 2,000 aC, se encontraban los constructores más capacitados, los cuales construyeron barcos mercantes capaces de transportar cargas considerables y buques de guerra mayores y más efectivos que los fabricados por sus contemporáneos, los egipcios y los egeos. Los llamados «barcos redondos» fenicios navegaban por el mar Mediterráneo y el océano Atlántico hasta las islas Británicas para comerciar con estaño. Se desarrollaron las galeras birremes y trirremes en las que los remos se colocaban en dos o tres órdenes. El barco redondo, un buque de manga ancha, utilizaba velas en vez de remos y proporcionaba un espacio para el cargamento mucho mayor que las galeras estrechas.

Las cinchas o cinturones de cuerda que se ataban a lo largo de los costados de los buques griegos en dirección proa a popa, colocadas de manera que podían tensarse mediante una palanca a popa de la nave tenían una doble utilidad. Por un lado, daban resistencia al buque contra impactos ocasionados al embestir en combate contra otra nave y servían como viga longitudinal. Las galeras también estaban equipadas con uno o dos mástiles para navegar a vela pero estas no se usaban cuando la galera entraba en combate. Un buque de guerra griego estaba compuesto por una tripulación de unos 220 hombres, aproximadamente, la mayoría de los cuales se encargaba de los remos.

Durante el período de dominación del Mediterráneo por los romanos, se desarrollaron muchas clases diferentes de buques de guerra, sobre todo galeras que utilizaban puentes para abordar los barcos enemigos, algunas de las cuales disponían de catapultas. Para el comercio construyeron barcos de hasta 53 m de eslora y 14 m de manga y puntal. Para transportar obeliscos de Egipto a Roma se cree que construyeron barcos todavía mayores, los cuales se aparejaban con velas cuadras en tres palos y podían tener una gavia sobre la vela mayor.

Figura 3.1. Exvoto conservado en la ermita de Sant Simó de Mataró (Barcelona), donde se representan unos barcos catalanes de un patrón llamado Pere Silvestre. Año 1691.

En el norte de Europa también existen construcciones que sin duda evidencian la gran cultura marítima y comercial de la que se disponía en épocas antiguas.

En su evolución a lo largo de la historia, el buque mercante ha conocido diversas formas. En una primera época de la navegación a vela (durante las civilizaciones fenicia, griega y romana), los buques mercantes se diferenciaban de los de guerra por sus formas más redondas y cascos de mayor desplazamiento. Estos no se impulsaban a remo como sí lo hacían las veloces galeras de guerra.

El desarrollo de la vela y la incorporación de la artillería a los buques incrementaron las diferencias entre unos y otros hasta llegar a la época del vapor y, posteriormente, a la del motor de explosión.

Con los años, los buques, los puertos, y todo lo relacionado con la navegación comercial siguió evolucionando, obedeciendo tanto a la necesidad de movimiento de mayores cantidades de mercancías, como al incremento de la población mundial, dando origen a lo que hoy se denomina cadena logística del transporte.

2 Los flujos en la cadena logística del transporte

La cadena logística reúne el conjunto de técnicas que tienen por objeto la gestión del flujo y almacenaje de materias primas, productos semiacabados y acabados y de la información conexa, desde un punto de origen hasta uno final o de consumo. En un sentido amplio, incluye además la recuperación y eliminación de residuos.

En el proceso del transporte de mercancías, que se inscribe en esta cadena logística, es posible diferenciar tres tipos de flujos:

* **Flujo de la carga física**
  Es el que corresponde al movimiento de la mercancía desde el lugar de origen de la producción hasta el de su utilización o consumo.

* **Flujo de los vehículos de transporte**
  Los vehículos utilizados en los diferentes modos de transporte se trasladan de uno a otro nodo logístico o de un punto de recogida de la carga a otro de entrega de la misma.

* **Flujo de información**
  Es paralela al flujo de la carga física. Se podría denominar infoestructura del transporte.

Cuando se hace alusión a los elementos físicos, se hace referencia al flujo de vehículos, indispensable para el cambio de posición geográfica de las mercancías.

Las cadenas logísticas no son simples cadenas de transporte ya que los productos, a lo largo de las mismas, se transforman de materias primas a productos intermedios o productos acabados.

Para racionalizar todas las actividades que intervienen en esa cadena y reducir al mínimo su costo global es necesario un enfoque logístico donde se decida para cada producto cuándo y dónde se tendrán que desarrollar estas actividades, ateniendo a que:

- Se encuentren los factores de producción menos onerosos.
- Se requiera un «tiempo muerto» mínimo.
- Se necesite un transporte mínimo.
- Se logre la máxima concentración de productos.

En el ámbito del transporte marítimo, el análisis de los elementos físicos debe iniciarse en el buque por ser el más representativo.

3 El buque

Se entiende por buque toda construcción flotante apta para navegar por agua, indiferentemente de su clasificación y dimensión, que cuente con seguridad, flotabilidad y estabilidad. Es importante aclarar que toda construcción flotante que carezca de medio de propulsión se considera accesorio de navegación.

Según la RAE, un buque es un «barco con cubierta que, por su tamaño, solidez y fuerza, es adecuado para navegaciones o empresas marítimas de importancia». Diferencia el término «barco» como «construcción cóncava de madera, hierro u otra materia, capaz de flotar en el agua y que sirve de medio de transporte».

La Ley de Navegación Marítima española define al buque como:

Vehículo destinado a la navegación, que cubre también situaciones estáticas transitorias, como es el buque en construcción, fondeado, varado o en desguace. Esta noción excluye por tanto los artefactos navales —caracterizados por su permanencia a flote en un lugar o punto fijo de las aguas— y las plataformas fijas —toda estructura o instalación susceptible de realizar operaciones de explotación de los recursos naturales marítimos o de destinarse a otras actividades, emplazada sobre el lecho del mar, anclada o apoyada en él. A la nota inherente de movilidad que caracteriza al buque se suma su capacidad para el transporte de personas o cosas a todos los fines. Con ello se prescinde de las distinciones de buque público o privado; civil o militar; mercante o de recreo, deportivo o científico. Cuando su tamaño sea menor de veinticuatro metros o carezca de cubierta corrida se calificará de «embarcación».

Con todo, el Reglamento Internacional para Prevenir Abordajes (RIPA) define al buque como toda clase de embarcación, incluidas las embarcaciones sin desplazamiento y los hidroaviones, utilizadas o que puedan ser utilizadas como medio de transporte sobre el agua.

Haciendo un breve inciso sobre la flotabilidad de los buques, es necesario remitir al principio de Arquímedes, el cual establece que todo cuerpo sumergido total o parcialmente en un fluido experimenta un empuje hacia arriba igual al peso del fluido desalojado.

Arquímedes (287-212 aC) está considerado como el científico y matemático más importante de la Edad Antigua y uno de los más importantes de la historia. Su obra *Sobre los cuerpos flotantes* es también conocida como el primer estudio sobre hidrostática.

3.1 Estructura del buque

En las figuras 3.2 y 3.3 se señalan las partes básicas de una embarcación que describen a continuación:

- *Estribor:* costado derecho mirando desde la popa hacia la proa del buque.
- *Babor:* costado izquierdo mirando desde la popa hacia la proa del buque.
- *Proa:* parte delantera, en sentido de avance.
- *Popa:* parte trasera del buque.
- *Amura:* anchura de un buque en la octava parte de su eslora contada a partir de la proa, es decir, la parte de los costados del buque en donde se estrechan para formar la proa. Existen, por tanto, una amura de babor y una de estribor, lo mismo que ocurre en la parte de popa con las aletas.

  Para indicar direcciones, por ejemplo, si un velero recibe el viento por su banda de babor en la primera octava parte de su eslora, se dirá que recibe el viento por la amura de babor. Del mismo modo se emplea para referirse a la forma en que se ve un buque.

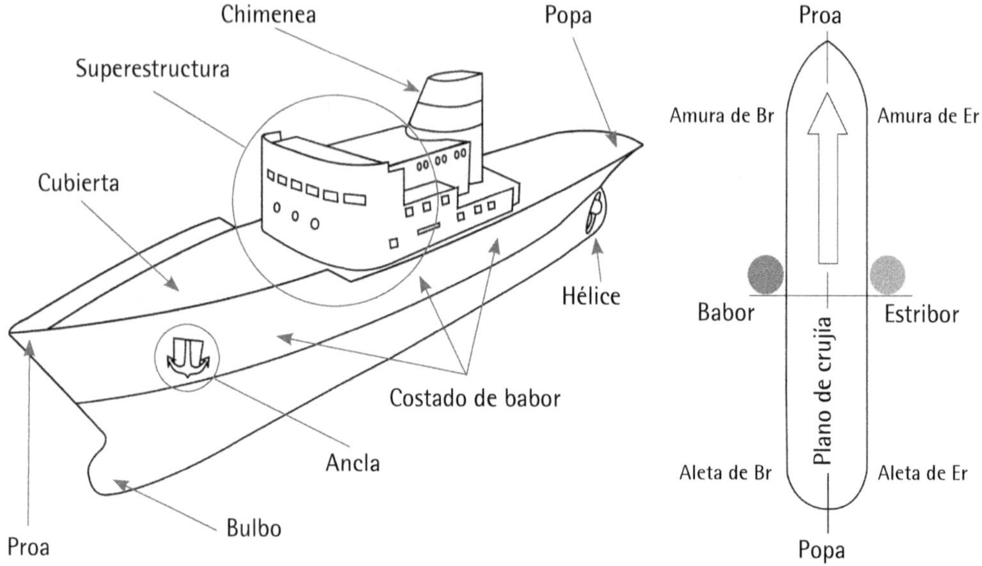

Figura 3.2. y 3.3. Partes básicas de una embarcación.

3.2 Bodega

Es el espacio reservado para acomodar la mercancía en un buque de carga general. La escotilla *(hatch)* es la parte superior de la bodega *(hold)*, es decir, aquella situada por encima de la cubierta principal. Una vez cargado el buque, las escotillas son cubiertas con sus propias tapas *(hatch cover)*. Se denomina plan de la bodega *(lower hold)* al fondo o suelo inferior de la bodega.

La bodega puede estar divida, con relación a la altura, en más de un espacio. En este caso las diferentes alturas se conocen con el nombre de entrepuentes *(tween deck)*, equipados cada uno con tapas que a su vez se quitan y se ponen para facilitar el acceso desde la cubierta principal hasta el fondo de la bodega.

En la figura 3.6 se pueden observar los espacios de carga de un buque frigorífico: brazola *(hatch coaming)*, entrepuente alto *(upper tweendeck)* y entrepuente bajo *(lower tweendeck)* y bodega *(hold)*. En muchos casos la brazola y el entrepuente alto son un mismo espacio de carga (véase la figura 3.7).

Durante el siglo xx, los buques de carga general estaban equipados con un sistema de carga y descarga constituido por los puntales *(derricks)* que posteriormente fueron sustituidos por grúas. Sin embargo, en la actualidad las grúas han desaparecido de los buques (excepto en algunos tipos, como en los de cargas especiales), como resultado de la progresiva industrialización, el equipamiento de los puertos

Figura 3.4. Operación de estiba en las bodegas de un buque portacontenedores.

y la contenerización. Este último factor obliga a utilizar unas grúas que necesariamente han de fijarse en tierra, en terminales de contenedores.

La capacidad de carga de un buque, es decir, la cantidad de mercancía que se puede almacenar a bordo, se conoce con el nombre de peso muerto o *dead weight cargo capacity.* Esta capacidad se mide en toneladas *(metric tons* o *long tons),* metros cúbicos o pies cúbicos, y se determina calculando la diferencia entre el peso del buque o desplazamiento a plena carga y el peso del buque o desplazamiento sin carga. El peso del buque a plena carga incluye el peso del casco, de los motores, del agua de consumo, del agua de lastre, del combustible, de las vituallas, de la tripulación y cargado al completo. El peso del buque sin carga, también conocido como desplazamiento en lastre, incluye el combustible, agua potable, previsiones y todos los elementos necesarios para navegar, pero no incluye la carga.

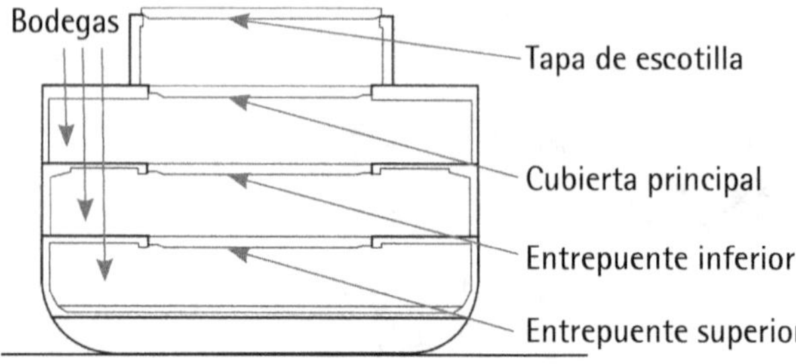

Figura 3.6. Espacios de carga de un buque frigorífico.

Figura 3.5. Interior de la bodega de un buque.

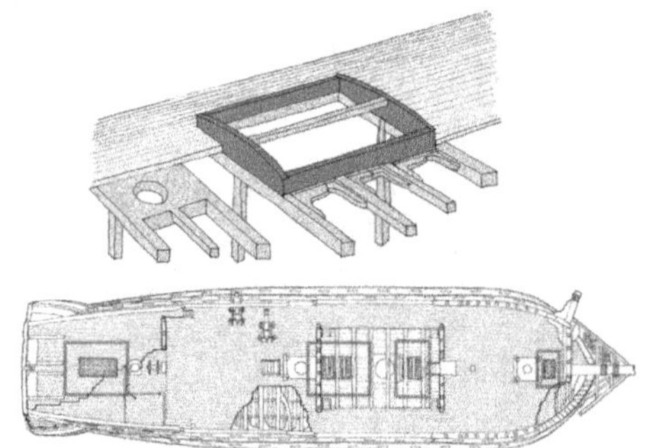

Figura 3.7. Brazola de un buque.

3.3 Clasificación de los buques

Antes del uso generalizado del contenedor de transporte, los buques mercantes se clasificaban en:

- Buques de carga general, que disponían de una y hasta cinco bodegas, sin que este fuera un límite.
- Buques graneleros.
- Buques petroleros.

La eclosión del contenedor y la especialización han hecho que los buques se construyan progresivamente con un objetivo específico y que sean cada vez menos los de tipo generalista. Actualmente, se pueden clasificar como sigue:

- **Buques de carga convencional**
  Se consideran así, generalmente, a los buques de tonelaje no superior a 20,000 toneladas, con un entrepuente *(tween deck)* corrido (se puede retirar en función

Figura 3.8. **Buque de carga general.**

Figura 3.9. **Buque para cargas especiales.**

de las necesidades de la mercancía que se vaya a transportar), que se suelen utilizar para transportar carga general, es decir, grandes cargamentos de productos siderúrgicos, papeleros y de otro tipo.

- **Buques para cargas especiales**
  Son buques de un tonelaje no excesivo, con grúas puntales de gran capacidad (hasta quinientas toneladas) y con medidas especiales en sus bodegas. Algunos están equipados con eslora inundable, aptos para todo tipo de cargas especiales.

Figura 3.10. Buque portacontenedores.

• Buques portacontenedores

El abaratamiento de los costos portuarios y la seguridad que ofrece su uso ha hecho del contenedor el elemento de transporte por excelencia y cada día son más las mercancías que se contenerizan. En la actualidad operan buques de 20,000 TEU, pero existen proyectos que amplían su capacidad hasta los 30,000 e incluso de mayor capacidad. Los portacontenedores más grandes (*ultra large container vessel* o ULCV) han supuesto un cambio revolucionario en la estructura operativa del tráfico de contenedores.

• Buques de carga horizontal (ro/ro)

También se conocen como *roll on/roll off*. En estos buques la mercancía entra y sale rodando *(rolling)*. Se utilizan para el transporte de material rodado y muchos

Figura 3.11. Buque de carga horizontal (ro/ro).

de ellos están equipados con unas plataformas rodantes (*mafis* o *maphis*) sobre las que se puede acomodar la carga general. Estas plataformas entran y salen rodando del buque, facilitando así la operativa cuando en el puerto de carga o descarga no hay grúas aptas para la manipulación de la mercancía en cuestión.

- **Buques ro/lo**

  La abreviatura ro/lo corresponde a la forma anglosajona *roll on/lift on.* Estos buques no solo tienen las características de los de carga horizontal sino que además van equipados con grúas y bodegas de sistema de carga vertical, por lo que la estiba y la desestiba se pueden hacer tanto de manera horizontal como vertical, según convenga.

- **Buques graneleros**

  También conocidos como *bulk carriers.* Estos buques son de gran tamaño y de gran capacidad (habitualmente entre 20,000 y 50,000 toneladas de capacidad de carga). Se utilizan para transportar cargamentos de mercancías a granel (grano, carbón, minerales, etc.).

- **Buques tanque**

  Están altamente especializados y dedicados al transporte de productos líquidos (petróleo crudo y derivados, como gasolina, alquitranes, queroseno, etc.) o gases licuados, que debido a su peligrosidad deben transportarse con unos elevados niveles de protección.

Figura 3.12. Buque de carga horizontal equipado con grúas para carga vertical (ro/lo).

Figura 3.13. **Buque granelero.**

Figura 3.14. **Buque tanque.**

— ***Buques de transporte de petróleo crudo*** (**crude carriers**). Son buques petroleros de gran capacidad, es decir, de más de 50,000 toneladas. Existen algunos de este tipo de hasta 500,000 toneladas. Habitualmente se usan los de hasta 200,000 toneladas de capacidad, ya que utilizar buques mayores entraña graves riesgos en caso de accidentes, derrames o ataques terroristas. Los petroleros más pequeños se suelen identificar con las siglas CC *(crude carriers)* y los muy grandes son conocidos como LCC *(large crude carriers)* o VLCC *(very large crude carriers)*.

— ***Buques de transporte de gas o gaseros.*** Son buques tanque especializados en el transporte de gas licuado. La aparición de estos se ha visto motivada por el incremento de la utilización de gas natural. El gas metano, por ejemplo,

Figura 3.15. **Buque petrolero.**

Figura 3.16. **Buque gasero.**

obtenido de los yacimientos, se licua en plantas de tratamiento para, posteriormente, transportarlo en buques LNG *tanker (liquefied natural gas tanker)* o LPG *tanker (liquified petroleum gas tanker)*.

– **Buques quimiqueros.** Son buques tanque que transportan productos químicos que solo pueden suministrarse en este tipo de buques (como ácidos, tóxicos y otros químicos que, por su especialidad, requieren de unas condiciones específicas de limpieza, atmósfera controlada, control de la humedad, etc.). Entre los tipos de mercancías transportadas en estos buques, se encuentran alcohol isopropílico, alcohol etílico, aceite de palma o de pescado, fenol, metanol, etanol, etc.

4 La carga

La carga es el sujeto básico del transporte marítimo de mercancías. Según la modalidad en que se presenta para ser transportada, se puede clasificar en carga convencional o contenerizada.

En la carga convencional se incluye toda aquella mercancía que no se transporta en contenedores. Aunque el contenedor es un elemento de transporte cada día más extendido a todo tipo de mercancías, algunas circunstancias pueden desaconsejar o impedir su utilización. Las cantidades que se transportan, las medidas de los embalajes y la naturaleza de la propia mercancía pueden hacer más económico y factible transportarlas en régimen convencional. Las soluciones más habituales son:

- Los grandes volúmenes de líquidos (petróleo crudo, refinados, productos químicos líquidos, gases licuados, graneles, etc.) se transportan en buques construidos para este propósito.
- Los lotes de graneles sólidos (minerales, cemento, etc.) grandes y medianos se transportan en buques construidos para este tipo de graneles.
- Los grandes lotes de productos siderúrgicos y de mercancía envasada en sacos se transportan en buques convencionales habilitados para el transporte de carga general.
- Los bienes de equipo o mercancías de dimensiones, peso o volumen excesivo hacen necesario su transporte en buques convencionales equipados para el transporte de este tipo de productos.

El resto de mercancías, cuya lista es cada vez mayor, se transporta en contenedores. El aumento progresivo del contenedor como método de embalaje en el transporte, utilizando buques capaces de transportar más de 20,000 contenedores de 20 pies (') no ha finalizado. Las expectativas del uso de contenedores abren cada día nuevas vías para el incremento en la utilización de este tipo de embalaje.

5 Embalaje de la carga

Las mercancías que se transportan a granel (grandes lotes de líquidos, petróleo, refinados, minerales a granel, etc.) no llevan ningún tipo de embalaje.

Las materias primas y productos poco elaborados (siderúrgicos) se transportan en general también sin embalar o, en todo caso, en paquetes ligados por flejes (atados).

Algunas materias primas y muchos productos acabados se transportan en un envase (saco, bidón, caja, etc.) que a su vez se deposita sobre un palé (carga paletizada). Los palés utilizados en el transporte marítimo para unitizar las cargas son de medidas diferentes de los que se emplean en el transporte por carretera. Aunque los países no han tomado medidas para normalizar las dimensiones de los palés, para el transporte marítimo se utiliza generalmente el palé de 1.20 × 1.00 m, conocido como palé americano. Los palés de 1.20 × 1.40 m son menos usuales pero también pueden utilizarse.

No obstante, en Europa Occidental se utiliza el palé de 0.80 × 1.20 m, conocido como europalé. Esto es debido a que la anchura de un tráiler, el tipo de vehículo más utilizado para el transporte de mercancías en Europa, tiene un ancho de 2.40 m y en él se pueden acomodar tres palés a lo ancho.

Por otra parte, las cajas y las jaulas son utilizadas para productos acabados, maquinaria, etc.

Finalmente, el contenedor, que se tratará en el siguiente apartado, es el embalaje más utilizado para el transporte internacional.

6   El contenedor

Su origen se remonta a los tiempos de la Segunda Guerra Mundial, cuando Malcom McLean, un transportista de Nueva Jersey (Estados Unidos), desarrolló este invento revolucionario que actualmente conocemos como contenedor marítimo o de transporte con el fin de simplificar sus numerosos trayectos.

La idea básica de McLean consistía en una caja de metal para transportar mercancías dentro de ella. Esta caja se izaba a bordo del buque para ser transportada desde el puerto de origen al de destino, en lugar de vaciar el camión, cargar las mercancías a bordo hasta el puerto de destino y volver a descargarlas para cargarlas de nuevo en un camión que las llevara hasta su destino final. Este invento cambió positivamente la historia del tráfico marítimo internacional y, en consecuencia, la del comercio internacional. Indudablemente, este sistema que permitía estibar las mercancías en el interior del contenedor, de manera adecuada y sin necesidad de manipularlas hasta que llegaran a su destino, supuso una considerable mejora tanto en la seguridad de la mercancía como en los tiempos de tránsito.

El éxito que obtuvo el proyecto fue rotundo y aún perdura. A partir de entonces, McLean creó la naviera Sea Land que trasladó por primera vez en la historia, en 1965, casi sesenta contenedores desde el puerto Newark hasta Houston.

El triunfo de la iniciativa fue de tal envergadura que en ese mismo año se comenzó a generalizar el empleo de los contenedores a escala internacional para el transporte marítimo.

Substituir el transporte de carga general por el contenedor, teniendo en cuenta su incidencia en las condiciones de trabajo en la manipulación portuaria de cargas, fue comparable al cambio histórico entre los métodos de producción artesanal y la producción industrial.

En la década de 1960, el contenedor ya se había generalizado en el transporte marítimo en Estados Unidos, lo que contribuyó a normalizar sus dimensiones para facilitar su manipulación. El primer contenedor que se construyó era de 35' de longitud, 8' de anchura y 8' de altura. Sin embargo, con la internacionalización y generalización de su uso, la ISO (International Organization for Standardization) estableció otras medidas en la norma ISO-668. Por ese motivo, también se conocen con el nombre de contenedores ISO estándar.

Los contenedores pueden utilizarse para transportar objetos voluminosos o pesados como motores, maquinaria o pequeños vehículos o mercancía paletizada. También pueden transportar carga a granel pero es menos frecuente.

Los contenedores están fabricados principalmente de acero corten, pero también los hay de aluminio y de madera contrachapada reforzados con fibra de vidrio.

Medidas (interiores) de los contenedores cerrados *(dry van)*		
	20 pies (20' × 8' × 8')	40 pies (40' × 8' × 8'6")	40 pies (gran capacidad) (40' × 8' × 9'6")
Tara	2,300 kg / 5,070 lb	3,750 kg / 8,265 lb	3,940 kg / 8,685 lb
Carga máxima	28,180 kg / 62,130 lb	28,750 kg / 63,385 lb	28,560 kg / 62,965 lb
Peso bruto	30,480 kg / 67,200 lb	32,500 kg / 71,650 lb	32,500 kg / 71,650 lb
Uso más frecuente	Carga seca normal: bolsas, palés, cajas, tambores, etc.	Carga seca normal: bolsas, palés, cajas, tambores, etc.	Especial para cargas voluminosas: tabaco, carbón, etc.
Largo	5,898 mm / 19'4"	12,025 mm / 39'6"	12,032 mm / 39'6"
Ancho	2,352 mm / 7'9"	2,352 mm / 7'9"	2,352 mm / 7'9"
Altura	2,393 mm / 7'10"	2,393 mm / 7'10"	2,698 mm / 8'10"
Capacidad	32.6 m^3 / 1,172 ft^3	67.7 m^3 / 2,390 ft^3	76.4 m^3 / 2,700 ft^3

Tabla 3.1. Medidas internas de contenedores cerrados o de carga general.

Normalmente el suelo es de madera, aunque también hay de bambú. En el interior llevan un recubrimiento especial para evitar las humedades durante el viaje. Otra característica definitoria de los contenedores es la presencia, en cada una de sus esquinas, de alojamientos para los pestillos de anclaje o *twistlocks,* sistema que permite a los contendores ser enganchados por grúas especiales, así como su trincaje, en buques y camiones.

Los modelos más importantes son los básicos, de 20' y de 40' de longitud, ambas medidas son externas. Un contenedor de 20' es conocido con el nombre de TEU *(twenty feet equivalent unit)* y uno de 40', con el de FEU *(forty feet equivalent unit).* Se ha extendido el TEU para definir los contenedores, entendiendo que uno de 40' son dos TEU. Esta unidad de medida se emplea para medir las capacidades globales de buques y terminales de contenedores.

Los contenedores pueden ser cerrados o abiertos. Los más usados son los contenedores cerrados de 20' o de 40', conocidos con el nombre de contenedor estándar, cerrado, seco o *dry.*

Existen diferentes medidas para contenedores, variando en largo y alto (en todos los casos, estas hacen referencia a las medidas exteriores):

- El ancho se fija en 8' (2.44 m).
- El alto varía entre 8' (2.59 m) y 9'6"[1] (2.90 m). A los primeros se les conoce como de poca capacidad o *low cube*, aunque se ha extendido el término *dry* y, a los segundos, se les conoce como de gran capacidad o *high cube.*
- El largo varía entre 20' (6.10 m), 40' (12.19 m) y 45' (13.72 m).

Los equipos más extendidos a escala internacional son los de 20' y 40', con un volumen interno aproximado de 32.6 y 66.7 m³, respectivamente. Las dimensiones de los contenedores están reguladas por la norma ISO 6346. En Estados Unidos es más común la utilización de los de 45' que, además, todos son de gran capacidad.

6.1 Descripción de los diferentes tipos de contenedores

- **Cerrados o secos *(dry van o box)***
  Son los contenedores estándar. Cerrados herméticamente y sin refrigeración o ventilación.

---

[1] El símbolo de pulgadas es ".

Figura 3.17. Contenedor cerrado de 20'.

Figura 3.18. Contenedor cerrado de 45'
de gran capacidad.

- **De gran capacidad** *(high cube)*

  Son contenedores estándar, mayoritariamente de 40'. Su característica principal es su sobrealtura (9'6").

- **Frigorífico** *(reefer)*

  Estos contendores llevan implementado un sistema de refrigeración que cuenta con conservación de frío o calor y termostato, y pueden ser de 20' y 40'. Deben ir conectados en el buque o en la terminal, e incluso en el camión si fuese posible a un generador externo. Funcionan con corriente trifásica. Algunas de las marcas que se dedican a fabricarlos son Carrier, Mitsubishi, Thermo King o Daikin. Estos contenedores son utilizados para cargas con humedad y temperatura controladas, como pueden ser los productos alimenticios congelados o refrigerados, las motocicletas (cuya humedad debe ser controlada para evitar la oxidación), los medicamentos, etc. El rango de temperaturas que alcanza este contenedor va de los +30 ºC a los −30 ºC. Existe un modelo para transportar productos ultracongelados que alcanza los −60 ºC.

- **Techo abierto** *(open top)*

  Estos contenedores tienen las mismas medidas que los anteriores (los hay de 20' y de 40'), pero están abiertos por la parte superior. La mercancía puede sobresalir si es necesario, pero en estos casos se pagan suplementos en función de cuanta carga haya dejado de cargarse por este exceso (pago de *slots* o espacio del buque).

Figura 3.19. Contenedor frigorífico de 40'
de gran capacidad.

Figura 3.20. Contenedor de techo abierto.

En los modelos *sliding open top* el toldo se desliza por un riel, sin necesidad de desmontarlo para meter la carga en el contenedor, como sí sucedía con los antiguos modelos.

En los casos en los que se necesite cargar por altura, es decir, que la carga no quepa por la puerta, el *open top* es una de las mejores opciones. Para casos de carga extragrande se puede construir un toldo suplementario a medida, ya que este contenedor siempre debe viajar hermético.

* **Plataforma *(flat rack)***
Estos contenedores carecen también de paredes laterales e incluso, en determinados casos, de paredes delanteras y posteriores. Se emplean para cargas

Figura 3.21. Contenedor plataforma plegable.

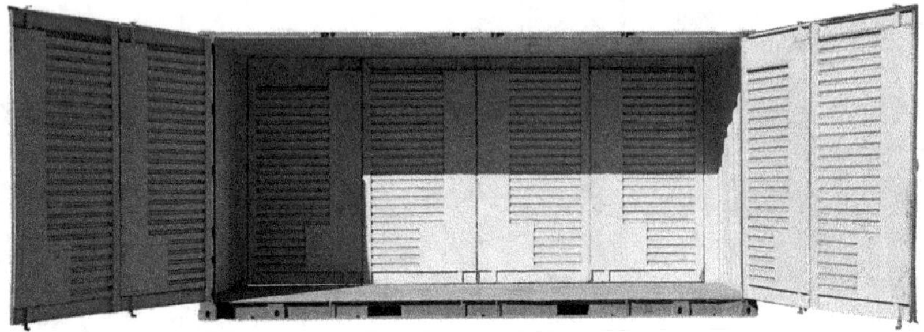

Figura 3.22. Contenedor de costado abierto.

atípicas y pagan suplementos en los casos requeridos. Suelen llevar maquinarias y grandes piezas y tienen la facilidad de que pueden cargar en *break bulk,* sistema que consiste en la colocación de varias plataformas unidas lateralmente para cargas de grandes volúmenes (como purificadoras, vagones de tren, etc.).

- **Costado abierto** *(open side)*
  La característica más relevante de este contenedor es que es abierto por uno de sus lados. Sus medidas son de 20' o 40'. Se utiliza para cargas de grandes dimensiones de longitud que no se pueden cargar por la puerta del contenedor.

- **Contenedor cisterna** *(tank)*
  Estos contenedores se emplean para el transporte de líquidos a granel. Consisten en una cisterna contenida dentro de una serie de vigas de acero que delimitan un paralelepípedo, cuyas dimensiones son equivalentes a las de un *dry van*. De esta manera, la cisterna disfruta de las ventajas inherentes a un contenedor, ya que los contenedores pueden apilarse y viajar en cualquiera de los medios de transporte habituales del transporte intermodal.

- **Isotanques**
  Dada su óptima eficacia para manejar de forma segura una gran variedad de productos, desde líquidos extremadamente peligrosos hasta gases comprimidos, el isotanque de 20' es el líder indiscutible en la industria de tanques intermodales. Existen diferentes tipos de isotanques:

  - IMO 1: para productos peligrosos.
  - IMO 2: para productos no-peligrosos.
  - IMO 5: para gases compresados.

Figura 3.23. Contenedor isotanque.

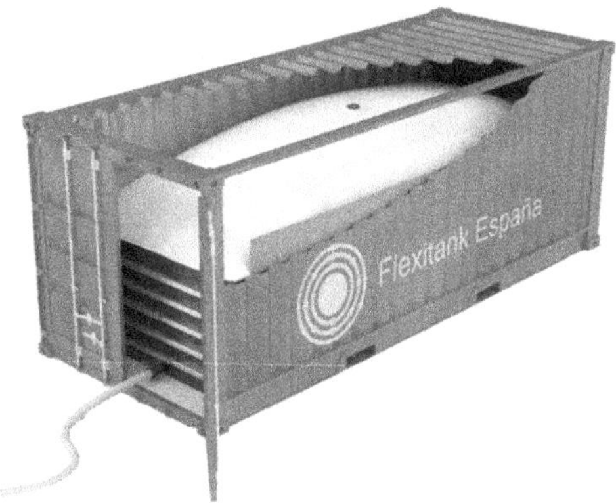

Figura 3.24. Depósito flexible en un contenedor.

Los tanques tipo IMO 1 e IMO 2 son especialmente utilizados para productos compatibles con productos alimentarios. Además, existen isotanques para servicios específicos como queroseno y cianuro. Hay que añadir que la mayoría de los tanques cuentan con capacidad de calentamiento.

En el caso de las navieras, al no disponer de este tipo de contenedores en su flota, tratan estos tanques como *shipper own container* (SOC), es decir, que son propiedad del cliente. La naviera solo cede el espacio para la carga y, una vez que el contenedor llega al puerto de destino, la naviera se desentiende y el cliente asume toda la operativa de esa unidad.

• **Depósitos flexibles o *flexitanks***

Los *flexitanks* no son propiamente contenedores sino depósitos flexibles de PVC o polietileno que se instalan dentro de un contenedor de 20', capacitándolo para el transporte de líquidos a granel, y cuya capacidad de almacenaje es de hasta 24,000 litros de producto.

Hay versiones desechables del tanque termoplástico, pero en general son ampliamente reutilizables. Si bien se pueden lavar, es altamente recomendable su dedicación exclusiva a un solo tipo de producto.

Los tamaños estándar tienen una capacidad de entre 16,000 a 24,000 litros. Se fabrican también tamaños especiales de acuerdo a la exigencia específica del producto que se ha de transportar.

Existen tanques de almacenaje de hasta 200,000 litros de capacidad para uso agrícola o industrial, para el almacenamiento de agua, fertilizantes líquidos, combustibles y todos aquellos líquidos que no produzcan ataque químico al PVC.

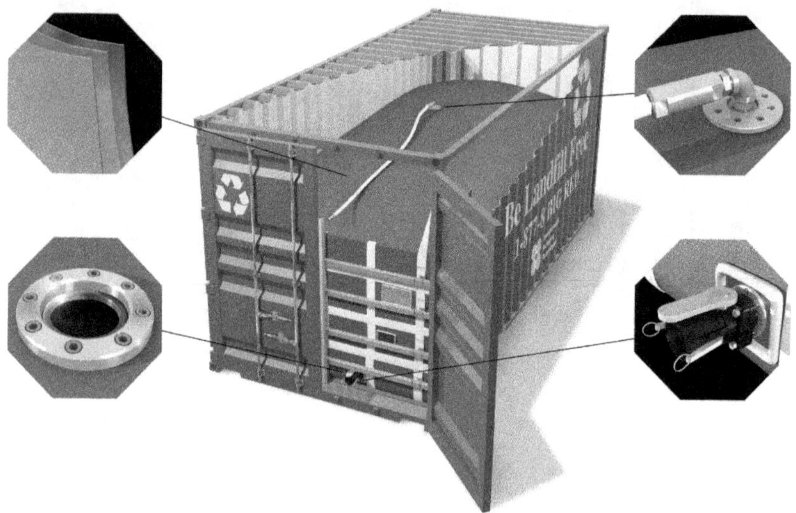

Figura 3.25. Elementos de un depósito flexible.

Los tanques flexibles no pueden usarse para transportar materiales clasificados como peligrosos (IMDG).

Los embarcadores suelen mostrarse escépticos ante el uso de tanques flexibles para productos potencialmente nocivos para el medio ambiente. Sin embargo, es muy competitivo en el mercado actual debido a sus características:

- No necesita almacenaje intermedio a granel.
- Está disponible en muchos países.
- Puede ser posicionado rápidamente por carga aérea.
- El material se mantiene limpio en los depósitos.
- El producto no tiene riesgo de contaminación.
- Está sellado al vacío y, por lo tanto, no hay oxidación.
- Su bajo peso permite una mayor carga útil.
- La carga útil del contenedor de 20' es un 44 % mayor que los tambores.
- Doblado ocupa solo el 2 % del tamaño de la carga.
- Es de bajo costo.
- No necesita retornos de cargas.
- Mayor rapidez de carga y descarga en relación con los tambores.
- Menos mano de obra en la manipulación y carga y descarga.
- Es fácil de consolidar.

6.2   *Logística del contenedor*

En primer lugar hay que entender en su totalidad el ciclo del contenedor cuando llega a puerto, en otras palabras, después de su descarga en el muelle.

Un contenedor, al descargar del buque, se puede encontrar en dos condiciones distintas: lleno o vacío. Si está lleno, se procede a transportarlo, en primer lugar, al muelle, donde deberá ser retirado por el transportista que lo llevará a su destino final.

Una vez realizado el vaciado de la mercancía, es devuelto a la línea marítima a la cual pertenece, dejándolo vacío en el depósito determinado para tal fin. En el mismo momento de entrar en el depósito, es inspeccionado y, en su caso, presupuestado para su eventual reparación. Una vez acondicionado o reparado, el contenedor pasa a disponibilidad de la naviera para su inmediata utilización.

Cuando este contenedor es asignado para ser llenado por un cliente, sale del depósito con destino al almacén del cliente, donde se llena y se expide hacia la terminal, donde entra «por puerta» para embarcarse. Antes, no obstante, pasa por las inspecciones estatales, aduanales y de cualquier otro tipo a las que deba ser sometido el contenedor con su mercancía, para su posterior precintado y embarque en la terminal.

Cuando el contenedor llega vacío a la terminal, existen dos posibilidades: o se lleva al depósito para ser inspeccionado y acondicionado o reparado, o bien es directamente reutilizado por un cliente que lo puede llenar de mercancía y exportarlo. Este ciclo se especifica en la figura 3.26.

Uno de los factores más importantes de la logística del contenedor son los costos asociados a las reparaciones por daños ocurridos durante el viaje.

En estos casos, es muy conveniente aclarar que, en las condiciones del conocimiento de embarque, el cliente se compromete a devolver el contenedor a su propietario en el mismo estado en el que lo recibió. Así, si el daño al mismo es imputable al cliente, por error en fábrica, manipulación defectuosa o cualquier incidencia ocurrida dentro de su responsabilidad, le será repercutido el costo de la reparación.

Los contenedores se reparan en depósitos especializados para tal fin por personal capacitado, como inspectores, mecánicos y técnicos especialistas. Los frigoristas *(reefer technician),* por ejemplo, deben estar siempre disponibles por si hay alguna incidencia con este tipo de unidades que puedan perjudicar mercancías tan sensibles como las que se transportan en contenedores frigoríficos.

Los depósitos de contenedores tienen contratos con las navieras y son un nodo importante en la logística del contenedor ya que, aparte de inspeccionar, presupuestar y reparar los contenedores que han entrado en sus instalaciones, también los

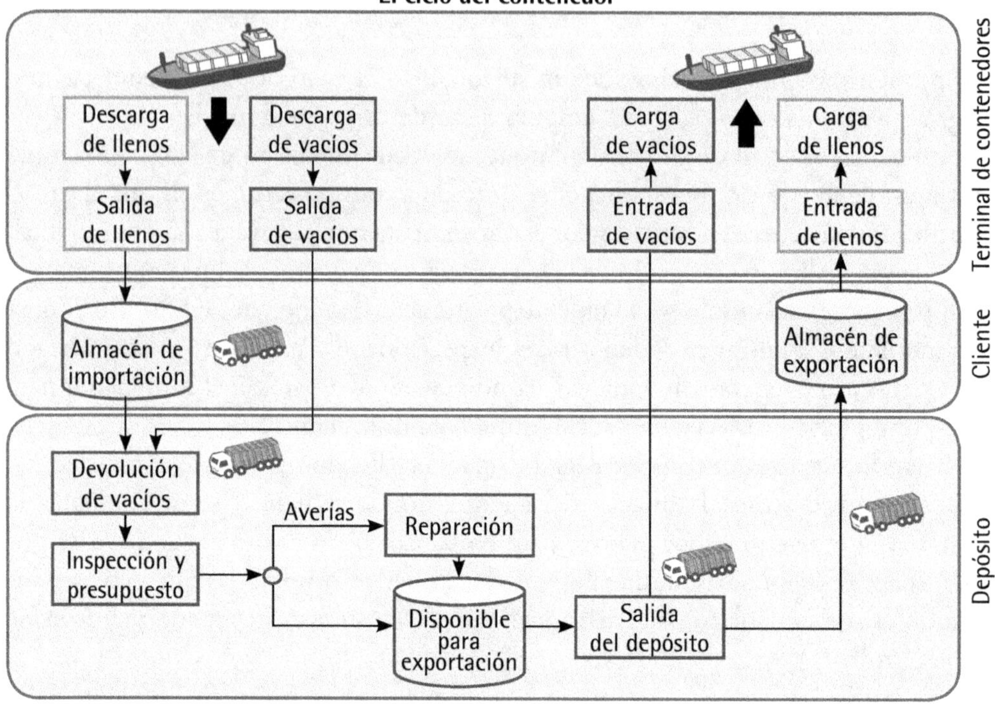

Fuente: Martínez Marín, J., Eguren Martí, M.L. (2009). *Analytical review of the empty container cycle.* Proceeding of the 4th International Conference on Maritime Transport. Barcelona.

Figura 3.26. Ciclo de utilización de un contenedor.

preparan para el siguiente cliente de exportación y los entregan a su transportista, comenzando de nuevo el ciclo del contenedor durante su vida útil.

6.3 Identificación del contenedor

La identificación de los contenedores se efectúa mediante una combinación alfanumérica de once dígitos (véase la figura 3.27).

Las primeras tres letras identifican al propietario y son asignadas a las compañías por el BIC *(Bureau International des Containers et du Transport Intermodal).* La cuarta letra toma los siguientes valores:

- U para identificar a los contenedores propiamente dichos.
- J para el equipo auxiliar adosable.
- Z para chasis o tráileres de transporte vial.

Figura 3.27. Identificación alfanumérica del contenedor.

Les siguen seis dígitos numéricos y, por último, un dígito de control para asegurar la correcta relación con los diez anteriores.

Este dígito verificador, que se calcula mediante un algoritmo, es de suma importancia, pues garantiza su correcta escritura en transmisiones y en el ingreso a sistemas asistidos por ordenadores. Las letras reciben un valor de acuerdo con la tabla 3.2.

6.4 Norma IMO para la verificación del peso bruto de los contenedores

La Enmienda sobre la responsabilidad de verificar el peso bruto de los contenedores llenos *(verified gross mass,* VGM), antes de su embarque en buques destinados al transporte marítimo internacional, fue acordada en el seno de la Organización Marítima Internacional (OMI), por su Comité de Seguridad Marítima (Maritime Security Commitee, MSC) mediante la Resolución 380(94), de 21 de noviembre, en vigor desde el 1 de julio de 2016.

Esta Enmienda obedece a la incitativa de compañías armadoras y aseguradoras, fundamentalmente, después de continuados incidentes en buques portacontenedores en años anteriores.

Tabla de asignación de valores numéricos al alfabeto																									
A	B	C	D	E	F	G	H	I	J	K	L	M	N	O	P	Q	R	S	T	U	V	W	X	Y	Z
10	12	13	14	15	16	17	18	19	20	21	23	24	25	26	27	28	29	30	31	32	34	35	36	37	38

Nota: el valor 11 y sus múltiplos 22 y 33 se ignoran.

Tabla 3.2. Asignación de valores numéricos a las letras de la matrícula para calcular el dígito de control.

Efectivamente, con anterioridad a 2016, tanto las armadoras asistiendo a pérdidas o siniestros de los buques portacontenedores, como las compañías de seguros indemnizando los siniestros, pudieron observar una falta evidente de precisión a la hora de declarar el peso de la mercancía introducida en los contenedores por parte de las empresas embarcadoras.

El corolario de estas inexactitudes, fue la estiba incorrecta de los contenedores a bordo de los buques, toda vez que estos se estibaban en zonas donde causaban alteraciones en la estabilidad del buque, dando como fruto la escora y el accidente marítimo en un número significativo de casos. El resultado del interés de la OMI fue la producción de la Enmienda, cuya finalidad es garantizar la seguridad de los buques, la del personal de a bordo y en tierra, la de la carga y, en general, la seguridad de la vida humana en el mar. Es necesario insistir en que una información errónea sobre la masa bruta de un contenedor puede tener graves consecuencias para la estabilidad de las pilas de contenedores, y hasta para la de los propios buques, pudiendo ocasionar, entre otros percances, la caída o pérdida de contenedores al mar, cuando no la escora fatal del propio buque.

La citada Enmienda fue introducida en la regla 2 de la parte A del capítulo VI del Convenio para la Seguridad de la Vida Humana en el Mar (SOLAS), en la versión de 1974, relativa al transporte de cargas y combustible líquido, añadiendo tres nuevos apartados, los números 4, 5 y 6, a los ya existentes en dicha regla.

Figura 3.28. El exceso en la masa del contenedor y las deficiencias en la estiba son la causa principal de los accidentes en la manipulación de contenedores.

El Convenio SOLAS es de obligado cumplimiento y se incorpora a la normativa legal de los países que lo firman. Por consiguiente, el contenido de la mencionada Enmienda es de obligada aplicación en la carga y estiba de los buques portacontenedores en España.

De su correcta aplicación se encarga la Administración española a través de la Dirección General de la Marina Mercante y las capitanías marítimas ubicadas en los diferentes puertos del Estado.

Entre los aspectos de mayor interés de la citada Enmienda, conviene observar las Directrices relativas a la masa bruta de los contenedores, aprobadas por el Comité de Seguridad Marítima de la OMI en su 93 periodo de sesiones (del 14 al 23 de mayo de 2014), que se contienen en la Circular 475 de dicho comité, de 9 de junio de 2014, y en la Circular de la Dirección General de la Marina Mercante, de 15 de junio de 2016, relativa a la verificación de la masa bruta de los contenedores.

6.4.1   Definiciones

De las definiciones que contiene el texto de las Directrices de la OMI y en la Circular mencionada, interesan básicamente las siguientes:

* **Contenedor**
  Por contenedor se entiende lo definido en el Convenio CSC, es decir, un elemento de equipo de transporte:

  a) De carácter permanente y, por tanto, suficientemente resistente para permitir su empleo repetido.
  b) Especialmente ideado para facilitar el transporte de mercancías, por uno o varios modos de transporte, sin manipulación intermedia de la carga.
  c) Construido de manera que pueda sujetarse o manipularse fácilmente, con cantoneras para ese fin.
  d) De tamaño tal que la superficie delimitada por las cuatro esquinas inferiores exteriores sean por lo menos de 14 m² (150 ft²), o de 7 m² (75 ft²), si lleva cantoneras superiores (apartados 2.1.6 de las Directrices y cuarto.8 de la Circular).

  El término contenedor también incluye los de tipo cisterna, los de plataforma, los dedicados a graneles, etc. Incluye asimismo los contenedores que se transporten sobre un chasis o en un remolque, excepto cuando estos contenedores sean conducidos a o desde un buque de trasbordo rodado destinado a viajes internacionales cortos, en los que los contenedores se transportan sobre un chasis o en un remolque y se embarcan y desembarcan conducidos a o desde uno de estos buques (apartados 2.1.11 y 3.3 de las Directrices y tercero de la Circular).

- **Viaje internacional corto**

  Con arreglo al capítulo III, regla 3 del Convenio, viaje internacional corto es un viaje internacional en el curso del cual un buque no se aleja más de 200 millas de un puerto o un lugar que puede servir de refugio seguro a los pasajeros y la tripulación. La distancia del último puerto de escala del país en que comienza el viaje al puerto final de destino del viaje de regreso no excederá de 600 millas. El puerto final de destino es el último puerto de escala del viaje regular programado en el cual el buque inicia el regreso hacia el país en que comenzó el viaje.

- **Masa bruta verificada (VGM)**

  Por masa bruta verificada se entiende la masa bruta total de un contenedor lleno, obtenida mediante uno de los dos métodos que se describen en el número 4 de la Enmienda, y en los apartados 5 de las Directrices y noveno de la Circular (conocidos como los «métodos I y II»), y que consisten, en síntesis:

  - Pesar con instrumentos debidamente calibrados el contenedor lleno una vez concluida su arrumazón y sellado (apartados 5.1.1 de las Directrices y noveno.1 de la Circular).
  - Pesar todos los bultos y elementos de la carga añadiendo la masa (peso) de los palés, la madera de estiba y demás material de embalaje/envasado y de sujeción que se arrume en el contenedor, y añadir la masa (peso) de la tara del contenedor a la suma de cada masa (pesos individuales) de los contenidos del contenedor (apartados 5.1.2 de las Directrices y noveno.1, letra b) de la Circular).

6.4.2   Ámbito objetivo de aplicación

La Enmienda se aplica solo a los contenedores objeto de un transporte internacional, incluido el total o parcialmente marítimo y los trasbordos entre buques dedicados al transporte internacional, aunque alguno de ellos no esté sujeto al Convenio (regla 1, letra a de la parte A del capítulo I del Convenio y apartados 8.11 de las Directrices y undécimo.1 y 2 de la Circular).

En cambio, no se aplica a los contenedores que se transporten sobre un chasis o en un remolque cuando dichos contenedores sean conducidos a o desde un buque de trasbordo rodado que efectúe viajes internacionales cortos (apartados 3.1 de las Directrices y tercero de la Circular).

6.4.3 Ámbito concreto de aplicación

Recae sobre la persona física o jurídica expedidora la responsabilidad de obtener, documentar y transmitir la masa bruta verificada (VGM) de un contenedor al capitán del buque o a su representante y al representante de la terminal. Esta responsabilidad en todo caso habrá de liquidarse o hacerse efectiva antes del embarque y con antelación suficiente para que la información se utilice en la elaboración e implantación del plano de estiba del buque (apartados 4 y 5 de la Enmienda, 1.1 de las Directrices y quinto.1 y 2 y octavo.1 de la Circular).

Además, teniendo en cuenta que el contrato de transporte se firma entre la empresa expedidora y la naviera, y no entre aquella y la terminal portuaria, la expedidora podrá cumplir con la obligación de proporcionar también la masa bruta verificada a la terminal o a su representante declarándola al capitán del buque o a su representante. De hacerlo así, estos deberán seguidamente y, en todo caso antes

Figura 3.29. Accidente producido por un exceso en la masa del contenedor.

del embarque, proporcionar dicha información a la terminal o a su representante (apartados 6.3.1 de las Directrices y octavo.2 de la Circular).

Por expedidora hay que entender la persona física o jurídica mencionada como tal en el conocimiento de embarque o en la carta de porte marítimo o documento de transporte multimodal equivalente, o la persona que haya concertado (o en cuyo nombre o por cuenta de la cual se haya concertado) un contrato de transporte de mercancías por vía marítima (apartados 2.1 de las Directrices y sexto.1 de la Circular).

Conviene precisar que en la versión en inglés de las Directrices, al abordar esta cuestión, se utiliza la expresión *shipper,* por lo que es evidente que expedidor equivale a cargador con el mismo sentido y alcance que dan a esta expresión los artículos 246.1 y 248.1 y 2 de la Ley Española 14/2014, de 24 de julio, de Navegación Marítima.

La responsabilidad de que se trata puede recaer también sobre la empresa transitaria cuando actúe en nombre propio o como «consolidador de cargas» o NVOCC (siglas de *non vessel operators common carriers),* toda vez que en tales casos contrata con la compañía naviera el transporte de las mercancías o del contenedor completo o lleno como cargador, expidiéndole aquella compañía un conocimiento de embarque original o *master,* en base al cual ellos expiden a su vez a los diversos titulares de la carga o de los contenedores un conocimiento *house.*

6.4.4   *Comunicación y documentación de la masa bruta verificada (VGM)*

La comunicación de la masa bruta verificada al capitán o a su representante y al representante de la terminal deberá hacerse por la persona expedidora preferentemente por medios electrónicos, como el intercambio electrónico de datos (EDI) o el tratamiento electrónico de datos (EDP). Si bien no existe plazo para efectuar dicha comunicación, deberá hacerse en todo caso con la antelación suficiente para que la información se utilice para la adecuada planificación de la estiba del buque, evitándose además con ello retrasos y demoras en el tráfico marítimo internacional carentes de justificación (apartados 4 y 5 de la Enmienda, 1.1 y 6.3.2 de las Directrices y quinto.1 y 2 y octavo.1 de la Circular).

El documento de expedición, que es el utilizado por el expedidor para declarar la masa bruta verificada, podrá incluirse entre las instrucciones de transporte dadas a la compañía naviera (por ejemplo peticiones de *booking* o instrucciones de embarque), en la documentación de transporte multimodal, o recogerse en un documento aparte, como por ejemplo una declaración en la que se incluya el certificado de peso expedido por un punto de pesaje que cumpla con los requisitos de certificación y calibración nacionales. En cualquier caso, los documentos en que se declare la masa bruta verificada habrán de tener el contenido que se detalla en el Anexo a la Circular, debiendo estar firmados por la persona física o jurídica que haya sido debidamente autorizada por la expedidora. La firma podrá ser electrónica o bien sustituirse por el nombre en letras mayúsculas de la persona autorizada a firmarlos (apartados 5 de la Enmienda, 6.2 y 15.2 de las Directrices y séptimo.2 de la Circular).

6.4.5   Discrepancias en la masa bruta

Las discrepancias en la masa bruta se han de resolver siempre en favor de la masa bruta verificada. Si la discrepancia fuera entre una masa bruta verificada obtenida antes de la entrega del contenedor en la terminal y otra masa bruta verificada determinada en la propia terminal, ha de prevalecer esta última.

Esto último es de especial interés pues desde esta afirmación de la Enmienda se han derivado las prácticas hoy de uso común, como es la de ceder a las terminales de contenedores, a cambio de una tasa determinada, el pesaje y la obtención de la masa bruta que se declara. De esta manera no se producen discrepancias.

La masa bruta verificada no puede superar la masa bruta máxima autorizada o permitida al contenedor de que se trate. Si existiera sobrepeso se denegará el embarque del contenedor (apartados 10 de las Directrices y quinto.3 de la Circular).

6.5   Resumen

Las ventajas de la utilización del contenedor han hecho que sea el medio idóneo para acondicionar las mercancías en su transporte debido a que:

- Disminuye el riesgo de robo, lo que supone un ahorro en los seguros.
- Produce una mayor homogeneización en el transporte.
- Supone un menor costo del embalaje que vaya a utilizar.
- Es rápido de manejar, lo que supone menor estancia de los buques en los puertos.
- Su uso genérico se ha extendido por todo el mundo.

Los contenedores para el transporte de líquidos y graneles han restado tonelaje al transporte convencional a granel, pero todavía no resulta económico mover estos productos en grandes embarques de contenedores.

El tráfico en contenedores permite a los transportistas marítimos ajustar más sus viajes planificando tiempos e itinerarios óptimos, y utilizar plataformas de distribución en puertos concentradores estratégicos por su posición geográfica *(hubs)*. Los contenedores que transportan los grandes portacontenedores a estos puertos son después recogidos por buques menores o alimentadores *(feeders)* que los trasladan a sus destinos definitivos.

Todo ello permite a los transportistas y a los usuarios del transporte planificar las estrategias de productos de una manera más efectiva, con el consiguiente ahorro en costos de almacenamiento y de financiación.

La contenerización, pues, ha sido uno de los factores de mayor importancia que ha favorecido el comercio internacional y la globalización del comercio.

Capítulo 4
El contrato de transporte marítimo

Existe una tendencia general a definir la manera de contratar el transporte marítimo desde dos modalidades principales: bajo la forma de fletamento o bien de conocimiento de embarque.

Algunas legislaciones, como la española,[1] han actualizado la práctica general, diferenciando ambas formas de contratación.

1 Fletamento

Se puede describir como un acto comercial mediante el que uno de los actores, que tiene potestad sobre el buque (fletante), pone a disposición del otro (fletador) dicho buque para que lo utilice, según un criterio que se ha de determinar, mediante el pago de un precio acordado (flete).

En función del criterio con el que se vaya a utilizar el buque, el fletamento se puede considerar como:

- **Un arrendamiento**
  Algunos juristas tienden a considerar que cuando se fleta el buque por un tiempo determinado (un año, dos meses u cualquier otro período de tiempo),

---

[1] La Ley de Navegación Marítima (LNM), de 24 de julio del 2015, diferencia en su título V, «De los contratos de utilización del buque», el contrato de arrendamiento (capítulo I) del contrato de fletamento (capítulo II). La legislación anterior se refería a él así: «el fletamento de un buque en todo o en parte para mover mercancías de un punto a otro» (Código de Comercio de 1829, libro III, artículos 573 al 879, ambos incluidos).

con la cesión de la gestión integral del buque a favor del fletador que embarca a su propia tripulación, el acto se considera como un arrendamiento diferenciado del fletamento en sí.

- **Contrato de transporte**
  Cuando la utilización del buque se efectúa por uno o varios viajes conservando la gestión integral del buque por parte del fletante, se considera un contrato de transporte.

En la actualidad se emplea internacionalmente el término fletamento *(chartering)* para definir estas dos acepciones, el arrendamiento o el contrato de transporte, según el caso.

Un ejemplo de arrendamiento ampliamente extendido en la actividad marítima, es el caso de las navieras que, sin ser propietarias del buque, lo toman en fletamento o arriendo durante un tiempo para su explotación comercial. En realidad, aquellos que se conocen como armadores *(armateur, armatore, owner)*, no suelen ostentar la propiedad de los buques que ponen en servicio, sino que los fletan por un tiempo determinado, pactado entre el propietario (que puede ser un consorcio de capital) y la naviera en cuestión. Esta, a su vez, podría contratar con un tercero el uso del buque que tiene arrendado para efectuar un viaje con una mercancía determinada. En este caso se trataría de un fletamento por viaje.

Se considera también al fletamento como el método por excelencia de utilización de un buque.

1.1   El fletamento por tiempo (time charter)

Es una forma de arrendamiento del buque mediante la que el fletador *(charterer)* toma sobre sí la disposición del buque durante un plazo determinado.

El fletamento por tiempo puede serlo con o sin cesión de la gestión integral del buque, es decir, con o sin tripulación. Cuando el propietario (arrendador o fletante) pone su buque en alquiler por tiempo y lo cede en fletamento sin poner su propia tripulación, se conoce como fletamento a «casco desnudo» *(bareboat)*.

Por el contrario, puede fletarse por tiempo un buque armado y equipado, en cuyo caso el fletante, el armador original, conserva la gestión náutica del buque y el fletador se reserva la gestión comercial del mismo. Ambos casos se dan actualmente en el desarrollo del comercio marítimo. Aunque, como ya se ha expuesto, las empresas navieras suelen preferir fletar los buques a casco desnudo, con cesión a su favor de las gestiones náutica *(demise of the ship)* y comercial.

El fletamento por tiempo constituye un contrato de arrendamiento más que un contrato de transporte propiamente, especialmente a casco desnudo, que incluso se realiza cuando el buque en cuestión está todavía en construcción en el astillero.

1.2   *El fletamento por viaje* (voyage charter)

El fletamento por viaje es el caso paradigmático de utilización del buque, ya que se considera un verdadero contrato de transporte.

En este tipo de fletamento, el fletador contrata el uso del buque para un viaje determinado entre uno o varios puertos de carga y uno o varios puertos de descarga mediante el pago del precio pactado (flete) al fletante.

Es el caso típico para el transporte de graneles entre comerciantes o cargadores *(merchants)*, transportistas o navieras *(carriers)* o incluso, de grandes masas de mercancía general.

El fletamento por viaje se puede también concertar para uno o varios viajes consecutivos que suelen producirse, generalmente, en la misma línea de tráfico. No hay que olvidar que en el fletamento por viaje pueden considerarse más de un puerto de carga o descarga.

También hay que tener en cuenta el fletamento de un buque completo *(full and complete cargo)* para llevar un cargamento de uno o varios puertos de carga a uno o varios puertos de descarga, o el fletamento parcial *(part cargo)*, caso en el que la naviera toma más de un cargamento a bordo del buque para un viaje determinado. Sería el caso de una naviera que cargase bobinas de acero en dos puertos de diferentes países, cada cargamento de un diferente fletador, para llevar la mercancía a un mismo puerto de destino y al mismo receptor. Cada uno de los dos fletadores contratará una parte del buque en cuestión para efectuar el viaje desde su puerto de carga bajo responsabilidad de una sola naviera.

2   Elementos del contrato de fletamento

2.1   *Elementos personales*

Como elementos personales deben considerarse:

- **El fletante**
  Es la persona física o jurídica que tiene disponibilidad sobre el buque y la cede a un tercero (fletador) para que use el buque para su propio interés en el marco de un contrato de fletamento.

- **El fletador**

  Es la persona física o jurídica que contrata con el fletante el uso del buque, en todo o en parte, para los fines que se especifican en el contrato de fletamento.

- **El capitán**

  Aunque su figura se ha diluido en los aspectos principales del contrato de fletamento, debido al uso de tecnologías que permiten un acceso rápido de las partes a la información y facilitan la toma de decisiones, sobre todo por parte de la naviera, el capitán sigue siendo clave como representante directo de esta en el buque que es objeto del contrato. Además, en calidad de tal representación, puede actuar como contratante en nombre de su principal.

2.2   Elementos reales

Se considera como elementos reales a el buque y la carga, es decir, los elementos físicos del contrato de fletamento, tanto si este es considerado como un contrato de arrendamiento, en el caso de fletamento por tiempo, como si se le considera un contrato de transporte, en el caso de fletamento por viaje.

2.3   Elementos formales

Finalmente, los elementos formales se refieren a la póliza de fletamento (que es la forma escrita que adopta el contrato de fletamento). La póliza recoge las condiciones en las cuales se ha convenido el contrato de fletamento del buque y el uso al que se va a destinar.

Dependiendo del tipo de buque, del modo de contrato y de los tráficos a los que se vaya a dedicar, existen diferentes modelos de pólizas que han sido desarrollados y normalizados por diversas instituciones del mundo marítimo.

Hay que decir que estas instituciones, casi todas del ámbito privado, son agrupaciones de navieras que han elaborado a lo largo del tiempo unos modelos de pólizas que se han tratado de ajustar, desde su punto de vista, a las condiciones del contrato de fletamento. Parece razonable su interés por concretar las condiciones en las que sus buques van a ser utilizados ya que estos, en principio, son propiedad de las navieras.

El conocimiento de embarque *(bill of lading* o B/L) no debe ser considerado aquí como un elemento formal, ya que el documento que da fe y contiene los puntos de referencia en el propio contrato es la póliza de fletamento, siendo el B/L un documento auxiliar.

Las instituciones de referencia en este campo son, entre otras, las siguientes:

- **Baltic and International Maritime Conference (Bimco)**
  Es una asociación internacional reconocida por la ONU que integra empresas dedicadas a la actividad marítima: navieras, operadoras, *brokers* y agentes de buques. Abarca al 70 % del tonelaje mundial y tiene asociados en más de 130 países.

- **Association of Ship Brokers and Agents (Asba)**
  Esta institución estadounidense es muy activa en la producción de documentos de referencia para los contratos de fletamento.

- **International Association of Independent Tanker Owners (Intertanko)**
  Agrupa a las navieras dedicadas al transporte de petróleo, sus derivados y productos químicos que no pertenezcan a compañías petroleras ni a empresas controladas por diferentes gobiernos. Su cometido es defender los intereses de estos armadores con una política de dedicación a la seguridad, junto con un transporte limpio y eficaz.

Aunque existen otras organizaciones que tienen su modelo de póliza de fletamento, la Bimco, que es de mayor dimensión, es el paradigma para estudiar las pólizas de fletamento, sin olvidar Intertanko en el sector de los buques tanque.

3 El transporte en régimen de conocimiento de embarque

Este es el modelo de contrato de transporte[2] que se aplica internacionalmente entre cargadores y porteadores cuando los contenedores son el objeto que hay que transportar.

En el modelo de transporte en régimen de fletamento, en el que el contrato de transporte es la póliza de fletamento, se debe de emitir también un conocimiento

....

[2] También se recoge en la legislación española, diferenciando este modo de transporte como un apartado muy particular del contrato de fletamento (véase el capítulo II de la LNM).

de embarque. Si bien, en esta fórmula, solo tiene el carácter de título probatorio de que las mercancías se han embarcado y de título de propiedad, ya que da derecho a retirar la mercancía en destino y a disponer de ella durante el viaje. Las condiciones bajo las cuales se pacta el transporte se recogen exclusivamente en la póliza de fletamento.

En el transporte en régimen de conocimiento de embarque, es en este documento donde se recogen las condiciones del transporte con caracteres propios de un contrato de adhesión, es decir, el cargador se adhiere a las condiciones del transportista o naviera recogidas en el propio conocimiento de embarque, que se convierte en un documento contractual.

A modo de ejemplo, el transporte en régimen de fletamento es similar al contrato de un avión en un vuelo chárter. Se contrata medio avión o el avión completo, por ejemplo. Sin embargo, si embarcamos con una línea regular, el contrato es el billete de la línea aérea que compramos y las condiciones del transporte son las que se recogen ya impresas en el billete por la propia compañía aérea. Es, pues, un contrato de adhesión.

En este libro solo trataremos en profundidad el transporte bajo conocimiento de embarque porque es el más extendido en este momento, aunque los volúmenes o tonelajes que se mueven en forma de fletamentos puedan ser de mayor envergadura. No obstante, la expansión de las líneas regulares y del tráfico en contenedores hace de esta forma de transporte la más usada en la mayor parte de los transportes marítimos internacionales.

Capítulo 5

El flete

El flete es el precio del transporte marítimo de la mercancía desde el momento en que el transportista la toma bajo su cargo hasta que la entrega al receptor designado en las condiciones pactadas.

Sin embargo, el flete y su valor cambian en función del momento en que el transportista se hace cargo de la mercancía y cuando la entrega o la deja de tener a su cargo.

El transportista puede tomar la mercancía en el muelle del puerto de carga, a bordo del buque o en otros momentos de la cadena de transporte, y lo mismo para la descarga. Desde el momento en que el transportista toma la mercancía, los gastos que ocasionan su movimiento deben ser respaldados por este y estar incluidos en el precio del flete.

Al mismo tiempo, cuando se habla de transporte convencional, no es lo mismo transportar ganado que lavadoras, ni arena que oro. Por ello, la naturaleza y el valor de la mercancía son factores que inciden al calcular el flete.

Asimismo, no resulta igual transportar mercancía pesada (de alta densidad como el acero) que mercancía ligera (de baja densidad como, por ejemplo, las planchas de espuma de poliuretano).

Por todo ello, el flete tiene «apellidos». Los fletes generalmente se especifican en una divisa y en una cantidad determinadas. Por ejemplo, 35 dólares estadounidenses (USD), y a continuación una expresión referida a la unidad de medida que se tome como referencia.

1   El cálculo de fletes en el transporte convencional

Para calcular el precio del flete, la empresa de transporte terrestre o la naviera tienen en cuenta la naturaleza de la mercancía y la proporción de buque que esta ocupa a bordo.

Figura 5.1. Manipulación de una carga pesada y de gran volumen en una terminal portuaria.

Cuanto más peso tenga la mercancía que se vaya a cargar a bordo, menos oportunidades le quedan a la naviera de contratar otras adicionales hasta llegar al límite de peso máximo que pueda cargar el buque. Las limitaciones son similares con mercancías de mayor volumen que peso.

Es por ello que la naviera opta por aplicar un flete por peso o por volumen en función del mayor rendimiento económico que obtenga en su elección.

1.1   Flete por peso

Se aplica en los casos de mercancías cuyo peso es mayor que su volumen.

La unidad de medida utilizada es la tonelada. En los países de Europa Occidental es la tonelada métrica (1,000 kg) la que se utiliza. El flete se calcula, por lo tanto, en función del número de toneladas métricas o fracciones de toneladas embarcadas a bordo del buque.

En Estados Unidos la unidad de peso utilizada es la tonelada larga *(long ton)* de 1,016 kg.

1.2   Flete por volumen

Se aplica en los casos de mercancías voluminosas o de escasa densidad. La unidad utilizada generalmente es el metro cúbico, aunque en Estados Unidos se utiliza como unidad de volumen los 40 pies cúbicos, equivalentes a 1,132 m³.

La práctica general en la cotización de fletes se desarrolla mediante la determinación por parte de la naviera de un precio que esta aplica por el peso o por el volumen *(weight/measurement* [w/m]), en función de lo que resulte más ventajoso para el buque. Es decir, si la mercancía es de mayor peso, el precio se aplica por tonelada, y si es de mayor volumen, el precio se aplica por metro cúbico (siempre en Europa Occidental).

Así pues, un flete de 50 USD w/m indica que el precio del transporte será de 50 USD por tonelada o metro cúbico de mercancía, según sea esta de mayor peso o volumen (o densidad superior o inferior a la unidad).

1.3 *Flete* lumpsum

El flete global o «a tanto alzado» se conoce con el nombre de flete *lumpsum.* Se suele utilizar en los casos de cargamentos completos y su uso se ha generalizado en el tráfico de contenedores.

Para calcular el precio en estos casos no se atiende tanto a la naturaleza de la mercancía como al conjunto homogéneo que la misma significa.

En cuanto a los contenedores, se les aplica un precio por unidad con el criterio básico de que los que llevan en su interior mercancía de mucho peso (contenedores pesados), suelen soportar un flete unitario más alto que los contenedores cargados con mercancía de poco peso (contenedores ligeros).

1.4 *Flete según valor o* ad valorem

Se aplica a las mercancías de mucho valor en los casos en que calcular el flete por peso o medida carecería de equidad. Este tipo de cálculo de fletes es poco común, pues las mercancías de mucho valor suelen ser transportadas por otros modos de transporte diferentes del marítimo.

2 Modos de contratación de fletes

El flete es el precio del transporte y, por tanto, el objeto de una compraventa entre una parte compradora, aquella que desea el servicio de transporte para sus mercancías, y una parte vendedora, la que proporciona el medio de transporte de dicha mercancía bajo su responsabilidad. En el Código de Comercio español se conocen con los nombres de fletador y fletante.

Existen diferentes modalidades de contratación entre el comprador y el vendedor de este servicio y que no se deben confundir con las descritas para el cálculo de los fletes. Estas modalidades se refieren al método utilizado para calcular el precio del transporte en función de la naturaleza, el embalaje y las condiciones de la mercancía que se ha de transportar. Los modos de contratación de fletes no se refieren a las mercancías, sino a las condiciones en que el comprador (fletador) y el vendedor (fletante o transportista) contratan el transporte. Esas condiciones definen el momento en que el transportista toma a su cargo las mercancías y el momento en que termina su responsabilidad para con las mismas.

En cuanto a las diferentes formas en la contratación de fletes, las siete formas más usuales son FIO, FIOS, FIOST, FI/LO, LI/FO, LI/LO y otras variantes.

2.1 *FIO* (free in and out)

Esta fórmula se puede traducir como «libre dentro y puesta fuera del buque». Significa que el flete contratado está libre de cualquier otro gasto para la naviera, aparte de los propios del transporte. Se puede analizar como:

- *Free in*
  «Libre en» o «libre dentro» (del buque) en el puerto de carga. No tiene gastos para la naviera hasta que la mercancía se encuentre a bordo del buque. En consecuencia, cualquier gasto devengado hasta el momento en que la mercancía se encuentre a bordo del buque (transporte a puerto, descarga de camión, despacho de aduana), es decir, cualquier gasto (incluidos los impuestos) que deba ser satisfecho hasta que la mercancía se encuentre a bordo del buque en el puerto de carga, corre por cuenta del comprador del flete (fletador) o de la mercancía, en ningún caso por cuenta de la naviera.

- *Free out*
  «Libre fuera» (del buque) en el puerto de descarga. Indica que el flete está libre de gastos para la compañía naviera en el puerto de descarga. Se trata de gastos naturalmente relativos o propios de la mercancía (descarga, carga a camión, despacho de aduanas, impuestos, etc.). Así que todos los gastos que ocasione la mercancía (que es objeto del contrato de compraventa del flete en el puerto de descarga) son por cuenta del fletador o de la propia mercancía. Bajo la fórmula FIO, el fletador compra única y exclusivamente el transporte de la mercancía, ya que el flete está libre de gastos para la naviera.

2.2 *FIOS* (free in and out stowed)

Esta expresión añade la palabra *stowed* (estibado) a la fórmula anteriormente indicada y remarca aún más la condición de *free in* en el puerto de carga. Bajo esta condición, la mercancía se debe entregar a la naviera libre de gastos a bordo del buque en el puerto de carga. La fórmula FIOS obliga, además, a que la mercancía esté estibada en el puerto de carga.

Las mercancías transportadas por mar se deben cargar a bordo de los buques y depositar en las bodegas, en los espacios adecuados y de manera idónea para afrontar el viaje.

Al contratar un flete FIOS, el fletador se compromete a pagar todos los gastos que sean devengados por la mercancía hasta que se encuentre ubicada a bordo del buque en el puerto de carga.

2.3 *FIOST* (free in out stowed and trimmed)

Esta condición incorpora la palabra *trimmed* (trimado) a la fórmula FIOS y se refiere a productos que se transportan a granel (minerales, grano, etc.).

El trimado es la operación de acondicionar el producto que se embarca a granel de manera adecuada en las bodegas del buque designado para su transporte marítimo, sin riesgo para el buque ni para la carga.

El flete contratado bajo condiciones FIOST presupone que esta última operación se efectúa también por cuenta de la mercancía.

2.4 *FI/LO, LI/FO, LI/LO* o full liner terms

Las tres condiciones tienen una característica en común que las diferencia de las fórmulas FIOS y de sus variantes. FI/LO, LI/FO y *full liner terms* incorporan el término «línea» (o *liner*). En el tráfico marítimo, como en el tráfico en otros modos, existen empresas transportistas que efectúan un tráfico determinado con una cierta regularidad.

Por ejemplo, en el caso de una naviera que realiza preferentemente un tráfico de ida y vuelta desde Europa Occidental hacia la costa oeste de Estados Unidos. Dispone de agentes en los puestos de carga y descarga en los que habitualmente hace escala, posee información suficiente del tipo y clase de mercancía que transporta, conoce los puertos, sus ventajas e inconvenientes y sus costos. En definitiva, tiene experiencia en el tráfico y sus buques escalan regularmente en los mismos puertos, con lo que se puede decir que mantiene una línea.

En contraposición, se encuentra una naviera que no tiene ninguna o poca experiencia en los puertos donde va a cargar o descargar las mercancías que ha contratado para su transporte. No conoce las ventajas ni los inconvenientes, como tampoco los condicionamientos del puerto de carga ni los de descarga, ni sus costos.

En este último caso, la mejor manera de contratar el flete para la naviera es la condición FIOS, ya que cualquier gasto que devengue la mercancía, aparte del costo del propio transporte y que el transportista ignora, corre por cuenta del fletador. Es decir, la naviera no adquiere ninguna otra responsabilidad en cuanto a costos que la propia del transporte.

La naviera que sí conoce las características de los tráficos y los puertos de la línea que opera puede ofrecer a sus clientes (cargadores o fletadores) algo más que el propio transporte. Puede controlar, a través de sus agentes y su experiencia, las operaciones de carga y descarga, los costos y las incidencias en la explotación de la línea. Puede ofrecer, incluido en el flete, el costo de la estiba o desestiba en los puertos de carga o descarga porque conoce sus sistemas y sus precios.

A continuación se describen cada una de las condiciones de contratación citadas anteriormente:

- **FI/LO** *(free in/liner out)*
  Esta modalidad se refiere a condiciones de compraventa de flete en los puertos de carga y descarga:

  - *Free in*
    En el puerto de carga. No hay gastos para el buque hasta que la mercancía se encuentre a bordo. Una alternativa sería *free in stowed*, es decir, la mercancía debería ser entregada a bordo del buque y estibada sin ningún gasto para la naviera.

  - *Liner out*
    En el puerto de descarga. Son las condiciones de línea *(liner)* en el puerto de descarga. Esto significa que en el precio pactado para el transporte se encuentran comprendidos los gastos de desestiba y descarga en el puerto de destino.

- **LI/FO** *(liner in/free out)*
  Esta fórmula es la opuesta a la anterior:

- **LI** *(liner in)*

  Términos de línea en el puerto de carga. En el precio contratado para el transporte se encuentran incluidos los gastos de estiba en el puerto de carga.

- **FO** *(free out)*

  Todos los gastos que devengue la mercancía en el puerto de descarga son por cuenta de ella misma, nunca por cuenta de la naviera.

- **Full liner terms, LI/LO** *(liner in/liner out)*

  Se refiere a los términos de línea en los puertos de carga y descarga *(liner terms in full* o *full liner terms)*. En el precio contratado para el transporte se incluyen los gastos de estiba en el puerto de carga y los de desestiba en el puerto de descarga.

2.5 Otras variantes

Las diferencias entre los términos *free* y *liner* se refieren fundamentalmente a las operaciones de estiba o desestiba, *in* en el puerto de carga y *out* en el puerto de descarga.

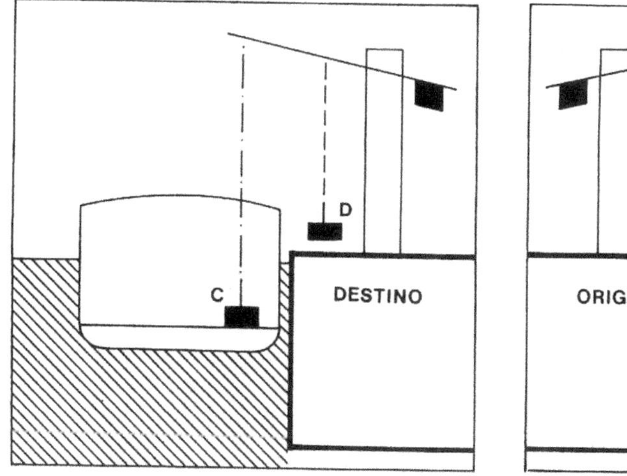
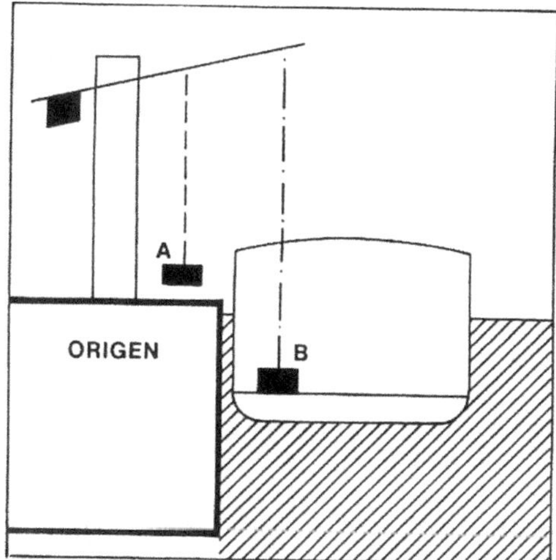

Trayectos A-D = *Full liner terms;* A-C = *Liner in/free out;* B-C = FIOS/FIOST (granos); B-D = *Free in/liner out;* A-B = *Liner in* - estiba; C-D = *Liner out* - desestiba.

Figura 5.2. Condiciones de contratación.

Utilizando *free*, los gastos de esta operación (y cualquier otro) en los puertos de carga o descarga corren por cuenta del fletador o, de manera genérica, por cuenta de la mercancía.

Por su parte, la expresión *liner* hace referencia a que las operaciones de estiba o desestiba en el puerto de carga o descarga (según se contrate *liner in, liner out* o *full liner terms)* se encuentran incluidas en el precio pactado para el transporte.

Las operaciones de estiba o desestiba en Europa Occidental se entienden como operaciones de «a bordo» del buque, en contraposición a las operaciones de tierra:

- **Estiba**
  En el puerto de carga, desde que la mercancía se halla suspendida al costado del buque (grúa del buque o del muelle), hasta que se encuentra asentada en su bodega, en el espacio designado al efecto para efectuar el transporte.

- **Desestiba**
  En el puerto de descarga, desde que la mercancía se encuentra en la bodega del buque, en el espacio que se le designó al iniciarse el transporte, hasta que se halla suspendida al costado del buque (grúa del buque o de tierra).

La suspensión de las mercancías al costado del buque se conoce en inglés como *under ship's tackle* y en francés como *sous palan*. Es decir, contratar *free in/liner out* significa lo mismo que contratar *free in/sous palan* o *free in/under ship's tackle*. Con idéntico significado se utiliza la expresión *under hook*, literalmente «bajo gancho», referido al gancho en el que se afianzan las mercancías, que unido al cable que a su vez se sustenta en el puntal o brazo de la grúa hace que las mercancías se carguen o descarguen del buque.

Así, en el puerto de carga, *liner in, sous palan, under ship's tackle* y *under hook* son condiciones que se refieren al momento en que la naviera toma para sí la responsabilidad del transporte. De igual manera, los mismos términos, pero referidos al puerto de descarga, *liner out, sous palan* y *under hook* aluden al momento y posición en la que la naviera se libera de la responsabilidad en el transporte marítimo.

Cabe señalar que estos conceptos no están reglamentados y que en su determinación intervienen el uso y las costumbres de cada puerto. De ahí que resulte difícil trasladar los conceptos de unos países a otros y se hagan algunas referencias a Europa Occidental, ya que la progresiva unificación de criterios en los países que la componen ha permitido una interpretación de los conceptos utilizados en estos trabajos portuarios.

Por el contrario, en algunos países árabes se ha visto que la condición *liner* no solo apunta a la estiba o desestiba, sino que incluye otros gastos adicionales.

Por otro lado, también se deben considerar otras condiciones de contratación:

- ***Pier/pier***
  También llamado muelle/muelle. Algunas navieras u operadores que realizan su tráfico en forma de línea ofrecen a sus clientes unas condiciones que van más allá del *full liner terms*.

  En el flete les ofrecen, además del transporte y los gastos de estiba y desestiba, los de carga y descarga. Es decir, que en el flete se encuentran incluidos todos los gastos de manipulación de las mercancías, desde que estas se encuentran depositadas sobre el muelle en el puerto de carga hasta que se depositan sobre el muelle en el puerto de descarga.

- ***House/house* o *door/door***
  Bajo la fórmula casa/casa o puerta/puerta se contrata de manera que todos los gastos que devengue la mercancía, desde la fábrica o el almacén de origen hasta la fábrica o el almacén de destino, se encuentren incluidos en el flete.

Sin embargo, resulta muy importante destacar la confusión muy común que se da en el caso del transporte de contenedores. Los transportistas que explotan un tráfico de contenedores suelen cederlos en muchas ocasiones para que se carguen en el almacén de origen y se descarguen en el de destino. Así, los contenedores se mueven puerta/puerta o *door/door*.

No obstante, el flete no se ha pactado así en muchas ocasiones. La inexperiencia de algunos usuarios les ha llevado en ocasiones a confundir las condiciones en que se mueve el contenedor con las condiciones del contrato de transporte.

Variantes de estas dos últimas modalidades pueden ser muelle/casa *(pier/house)* y casa/muelle *(house/pier)*.

3   Formas de pago del flete

El precio del transporte se puede satisfacer de diferentes maneras:

- ***Freight prepaid***
  El flete prepagado es el más usual ya que suele ser pagadero a la salida del buque. La tradición y la legislación internacional, excepto que se establezca de otra manera, entienden que el flete se gana por el transportista marítimo desde que pone el buque a disposición de la mercancía en el puerto de carga y la

toma a bordo. Si el buque se pierde durante el viaje y, por ende, la mercancía, o si se daña la misma durante el propio viaje por causa de temporal o fuerza mayor, el transportista no ha perdido su derecho sobre el flete en ningún momento. Así, el flete se entiende como «ganado a todo evento».

No obstante, la forma de pago se puede pactar de manera diferente al flete prepagado.

- ***Freight collect***
  El flete pagadero en destino es la segunda fórmula más usual. El flete se paga a la entrega de la mercancía en destino al transportista terrestre por parte del legítimo tenedor de los conocimientos de embarque.

- **Otras formas de pago del flete**
  Fundamentalmente, en los fletamentos de buque se puede pactar lo que más convenga a la naviera y al fletador. Lo más habitual es un número determinado de días después de la fecha de carga (tres, cuatro, cinco días bancarios después de la fecha de carga) o bien antes de la apertura de las escotillas en el puerto de destino *(before opening hatches or before breaking bulk at destination)*.

4 Flete base y recargos

Los conceptos que se han manejado hasta este momento se refieren al flete base.

El propietario o la persona física o jurídica que explota comercialmente el buque financia una serie de gastos (alquiler, amortización, salarios de la tripulación, combustible, etc.) que tienen como contrapartida el flete. Este valor se calcula en función de la cantidad de mercancía o del volumen que esta ocupa a bordo, teniendo en cuenta sus costos y las expectativas de beneficio en un momento dado.

Por ejemplo, una compañía naviera estima que el flete de un cargamento determinado desde el puerto A al B es de 50 USD w/m. Súbitamente sube el precio del petróleo un 40 % y en el puerto B se da una congestión de tráfico que hace que los atraques resulten insuficientes para los barcos que pretenden atracar y estos deben aguardar un tiempo de espera.

Estos dos factores, la subida del costo del combustible y la congestión, no se habían tenido en cuenta por la naviera en el cálculo del flete porque se desconocían en ese momento. Sin embargo, la subida de estos costos afecta negativamente a su cuenta de explotación y de aquí que inmediatamente los repercuta en el flete como recargos *(surcharges),* que varían de acuerdo con las variaciones que experimente el concepto por el cual se aplican.

En síntesis, la naviera puede aplicar recargos al flete base en mayor o en menor medida (habitualmente mayor), en función de las variaciones de los factores que inciden en la explotación del buque. Estos recargos son:

- **BAF** *(bunker adjustment factor)*
  Recargo por subida de combustible. Las subidas no contempladas del costo de los combustibles a la hora de calcular el flete base originan la aparición de este recargo que se aplica con una cantidad lineal o mediante un porcentaje sobre dicho flete (por ejemplo, 10 USD w/m o 10 %, respectivamente).

  El BAF generalmente es positivo (incrementa el precio del flete), pero en ocasiones es negativo.

- **CAF** *(currency adjustment factor)*
  Recargo por tasa de cambio de la moneda CAF. Los fletes mayoritariamente se calculan y se liquidan en divisas fuertes, como el dólar o el euro. Los fletes calculados en dólares tienen como referencia el valor de esta moneda en un momento determinado. En tanto que los buques se mueven por los mares y puertos, una bajada del valor del dólar con respecto a otras monedas ocasionará una subida de los costos de los puertos que apliquen una moneda diferente del dólar, por ejemplo, o en los salarios si se paga en euros a los tripulantes. Esto ocasiona la aparición de este recargo, en positivo o negativo, dependiendo de si la moneda que sirve de referencia al flete baja o sube con respecto a las demás de la «cesta de divisas».

- *Congestion surcharge*
  Si la condición habitual en el tráfico de un puerto cambia de manera significativa, es posible que el buque deba permanecer inactivo en él más días de los previamente estimados. Aparece aquí el recargo por congestión (también llamado *port congestion),* siempre positivo y generalmente referido al puerto de destino. Cuando desaparecen las circunstancias que ocasionan la congestión, este recargo desaparece. También puede resultar aplicable en caso de congestión producida por conflictos laborales.

- **WRS** *(war risk surcharge)*
  Se utiliza en el caso de que el puerto de origen o el de destino estén situados en una zona políticamente conflictiva. Cuando esto ocurre, las aseguradoras que cubren

los riesgos de la aventura marítima (seguros del buque, de las mercancías, de los daños a terceros, etc.) incrementan las primas de cobertura de dichos riesgos, lo que supone mayor costo para la naviera que lo repercute con este recargo mientras dure la situación de conflicto. Este recargo por riesgo de guerra siempre es positivo.

La aplicación de todos los recargos se puede efectuar, como se ha dicho para el BAF, mediante una cantidad lineal o bien mediante un porcentaje sobre el flete base.

Los recargos hasta aquí citados no son exclusivos. Existen otros como el recargo por paso de canal (Suez, Panamá, etc.), el recargo IMO para mercancías peligrosas, según clasificación de la International Maritime Organization, etc.

5   Otros recargos del flete marítimo

Además de los recargos ya mencionados, existen otros que también afectan al valor final de los fletes:

- ***Banking charge***
  El quebranto bancario. Tanto en FCL como en LCL se aplica un 1 % sobre el flete y todos los recargos cotizados en dólares estadounidenses.

- **EBS** *(emergency bunker surcharge)* / **BRC** *(bunker recovery cost)* / **BUC** *(bunker contribution)*
  Se trata de recargos extraordinarios o de emergencia relacionados con el combustible y que aplican las navieras para cubrir gastos extra relacionados con este concepto.

Figura 5.3. **Tráfico marítimo en el puerto de Singapur.**

- **SCTF** *(Suez canal traffic)*
  Recargo aplicable a mercancías que transitan a través del canal de Suez.

- **PCS** *(Panama canal surcharge)*
  Recargo aplicable a mercancías que transitan a través del canal de Panamá.

- **Aden** *(Aden gulf surcharge)*
  Recargo aplicable como consecuencia de los ataques de piratería en el golfo de Adén a los barcos que por él transitan.

- **CSF** *(carrier security fee)* / **SEC** *(security surcharge)*
  Recargo de seguridad que se cobra en los puertos.

5.1 Recargos temporales en el flete marítimo

Además de los recargos por riesgo de guerra y por congestión portuaria, descritos anteriormente, existen otros que también tienen una afectación limitada en el tiempo:

- **WS** *(winter surcharge)*
  Recargo que se aplica durante la temporada de invierno para cubrir gastos extras en que incurren los puertos debido a condiciones meteorológicas adversas.

- **PSS** *(peak season surcharge)*
  Recargo aplicado por las navieras durante la temporada alta de determinados tráficos. Por ejemplo, en las importaciones desde China se suele aplicar desde varias semanas antes del año nuevo chino y hasta varias semanas tras su finalización.

- **GRI** *(general rate increase)* / **GRR** *(general rate restoration)* / **ERR** *(emergency rate restoration)*
  Recargos de emergencia aplicados por las líneas para recuperar los niveles de los fletes.

5.2 Recargos según características de la mercancía o por su origen/destino

- **OWS** *(overweight surcharge)*
  Recargo cobrado por transportar contenedores pesados. Se aplica a los equipos de 20' y su importe se fija según el criterio de cada naviera.

- **OOG** *(out of gauge)*

  Recargo para cargas que exceden las dimensiones de un contenedor normal en anchura o altura. Se aplica principalmente para contenedores *open top* y *flat rack.*

- **SEP** *(special equipment surcharge)*

  Recargo que se incorpora al flete de los contenedores estándar *dry,* para obtener el flete de los que poseen características especiales *(open top, flat rack, super rack, reefers,* etc.).

- **ICD** *(inland container depot)*

  También conocidos como «puerto seco», los ICD son depósitos equipados para la manipulación y el almacenamiento temporal de mercancías. El uso de estos depósitos es muy habitual en numerosos países y permite a los clientes de las zonas de interior, alejadas de los puertos, realizar servicios portuarios de manera cómoda y rápida en un área cercana a sus propias instalaciones.

- **IMO (International Maritime Organization)**

  Recargo aplicado para embarques de mercancías peligrosas descritas en el Código IMDG (International Maritime Dangerous Goods).

- **CDD** *(cargo data declaration)* / **ENS** *(entry summary declaration)*

  Son recargos correspondientes a la presentación de declaraciones de los detalles del embarque para cualquier tipo de mercancía con destino a la Unión Europea.

- **AMS** *(automated manifest system)*

  Es el sistema de control y autorización previa de mercancías con destino a Estados Unidos (o con transbordo en dicho país). Así, el AMS se refiere al recargo correspondiente por la presentación electrónica de la declaración a las autoridades estadounidenses. Sin dicha autorización previa no puede embarcarse la mercancía.

  En el momento de editar este manual, sobre todo en el tráfico de contenedores, existe una proliferación de recargos que se aplican al uso de los contenedores por parte de los porteadores o sus agentes con efectos meramente recaudatorios. Dichos recargos no siempre se consideran apropiados por parte de las empresas transitarias (recargo por logística, asistencia técnica, asistencia documental, seguridad y vigilancia, limpieza del contenedor, etc.).

Recargos marítimos y portuarios		
Recargo	**Definición**	**Explicación**
Aden GS	*Aden gulf surcharge*	Recargo aplicable como consecuencia de los actos de piratería en el golfo de Adén
AMS	*Automated manifest system*	Costo por la transmisión electrónica obligatoria a la aduana de Estados Unidos
BAF	*Bunker adjustment factor*	Recargo directamente relacionado con las fluctuaciones del precio de petróleo
CAF	*Currency adjustment factor*	Recargo que aplican las líneas navieras debido a las fluctuaciones en el cambio de la moneda
CDD	*Cargo data declaration*	Las compañías navieras aplican este recargo por B/L, no por contenedor
CSF	*Carrier security fee*	Recargo de seguridad que se cobra en los puertos
CUC	*Chasis usage charge*	Uso de chasis utilizados para la movilización de contenedores
DAE	*Documento de acompañamiento de exportación*	Documentación que acompaña a la mercancía hasta la aduana por la que abandona la Unión Europea en caso de despachos de exportación con salida indirecta
DCC	*Depot container control*	Recargo por el control y verificación del estado del contenedor a su entrada o salida del depósito
EIS	*Equipment imbalance surcharge*	Recargo para compensar el costo adicional que tienen las navieras a causa de que sobre o falte equipo para transportar en un punto de manera significativa.
Emer. BAF	*Emergency bunker adjustment factor*	Factor de ajuste por emergencia en las tarifas de combustible
ERR	*Emergency rate restoration*	Ajuste en el nivel de fletes aplicado de manera excepcional (emergencia) por las compañías marítimas
FSC	*Fuel surcharge*	Tasa de fuel. Oscila según el precio del petróleo
GRI	*General rate increase*	Incremento general de fletes
ICD	*Inland container depot*	Costo por el uso de depósitos de contenedores en puertos secos

Continúa

Continuación

Recargo	Definición	Explicación
ISPS	*International ship and port facility security code*	Recargo que aplican las navieras para compensar los costos adicionales de medidas de seguridad
LOC	*Liner out charges*	Recargo debido a la evolución de los precios en algunos puertos de África
LSFS	*Low sulphur fuel surcharge*	Recargo por la contaminación de las aguas territoriales de la Unión Europea
PCS	*Panama canal surcharge*	Recargo aplicable a mercancías en tránsito a través del canal de Panamá
PSS	*Peak season surcharge*	Recargo del flete marítimo que se suele aplicar en la temporada alta del transporte proveniente de Asia (a excepción de Japón)
Rec. peso (OWS)	*Overweight surcharge*	Recargo por transportar contenedores pesados. Generalmente se aplica a los equipos de 20'. Este recargo es a criterio de cada naviera
SCTF	*Suez canal traffic*	Recargo por el paso de los buques a través del canal de Suez
SMD	*Security manifest documentation fee*	Las compañías navieras aplican este recargo por B/L, no por contenedor
SRC	*Seguro de responsabilidad civil*	Repercusión obligatoria del seguro de responsabilidad civil de la empresa transitaria
T/T	*Transit time*	El tiempo de tránsito es la estimación de la naviera de los días de navegación entre puerto de carga y puerto de descarga, pudiendo cambiar en cualquier momento sin preaviso
THC	*Terminal handling charge*	Costo de la manipulación del contenedor en una terminal. Suele referirse bien a la carga del contenedor en el buque o la descarga desde este al muelle
WRS	*War risk surcharge*	Recargo que se aplica cuando la ruta del barco discurre por zona en conflicto bélico o con alto riesgo de que se declare

Tabla 5.1. Síntesis de los cargos marítimos y portuarios más comunes.

6 Factores que afectan al valor del flete

Los factores que pueden influir de manera más significativa en el valor del flete son:

- El momento en el que el transportista se hace cargo del transporte y la custodia de la mercancía.
- El momento en el que el transportista entrega o deja de tener a su cargo la mercancía.
- El valor de la mercancía.
- La cantidad de mercancía que se ha de transportar, atendiendo a su peso y volumen.

7 El flete y el contenedor

La aparición y el uso extensivo del contenedor simplificaron el cálculo y la gestión de los fletes.

La unidad de medida ya no es la tonelada o el metro cúbico, en función de la forma de presentación de la mercancía (sacos, palés, bidones, cajas, atados, etc.). Ahora la unidad de medida es el contenedor.[1]

Así, la compañía naviera no calcula la cantidad de toneladas o metros cúbicos que cada mercancía va a ocupar en el buque, sino cuántos contenedores de 20' o 40' puede llevar a bordo un buque portacontenedores.

El cálculo del flete se simplifica aplicando un precio determinado por contenedor (flete *lumpsum)* o TEU *(twenty equivalent unit)*. Un TEU es una unidad de medida que equivale a un contenedor de 20'; así, un contenedor de 40' equivale a dos TEU (o un FEU).

Aunque las navieras calculan sus fletes mediante una cantidad determinada por TEU, a la hora de cotizar realizan algunas correcciones y, finalmente, se suele aplicar un flete base por contenedor de 20' y otro por los de 40', que no es necesariamente el doble del primero.

La generalización del tráfico de contenedores (con incrementos en las inversiones en buques y equipos) y la regularidad en las líneas marítimas, que se ha convertido en un factor vital para el tráfico de mercancías, han hecho que las

[1] Las medidas son: 20' (20 x 8 x 8-8.6 medidas inglesas en pies) - 5.90 x 2.44 x 2.62 medidas exteriores 40' (40 x 8 x 8-8.6 medidas inglesas en pies).

navieras no dejen en manos de terceros la gestión de la carga, descarga, manipulación de contenedores, etc., en los puertos. Optan por gestionar estos aspectos del tráfico directamente o a través de sus agentes. De aquí que en el tráfico de contenedores ya no se coticen los fletes FIOS o FILO, entre otros. Resulta lógico que la naviera trabaje en línea regular y como mínimo con fletes *liner terms*, es decir, que en el precio contratado para el transporte del contenedor se incluyen los gastos de carga y estiba en el puerto de origen y los de desestiba y descarga en el puerto de destino.

Otras variantes de fletes relacionados con el transporte de contenedores son:

- **CY/CY** *(container yard/container yard)*
  Se incluye en el flete, además del transporte, todo gasto desde que el contenedor se encuentra en la terminal de carga en el puerto de origen, a la misma posición en el puerto de destino, depositado en el suelo.

- **CFS/CFS** *(container freight station/container freight station)*
  Se entiende como un lugar diferente del puerto, de la terminal de carga y del lugar de destino final *(house/door)*. Se ha de concebir el CFS/CFS como el lugar (almacén) donde se produce el llenado o vaciado del contenedor, generalmente en manos de un operador logístico o empresa transitaria.

  Este concepto se suele aplicar para el tráfico de contenedores de grupaje entre dos corresponsales.

Una dificultad que puede entrañar la comprensión de estos conceptos reside en que no se encuentran definidos en unas normas internacionales o de menor rango, aprobadas por algún organismo oficial, sino que son conceptos que se aplican por el uso y la costumbre y varían con el paso del tiempo. En la actualidad, con la eclosión del tráfico de contenedores y la incorporación de operadores asiáticos que trabajan con modos y formas norteamericanas, hay una gran cantidad de vocablos de difícil comprensión, fruto de la práctica habitual en Estados Unidos de emplear abreviaturas para una gran cantidad de nombres o definiciones, costumbre extendida en Extremo Oriente pero no en Europa Occidental.

Capítulo 6

Los costos de la manipulación portuaria

En este capítulo se tratarán los costos de paso de las mercancías por las terminales portuarias, desde su llegada a la terminal hasta que se encuentra acomodada a bordo del buque que efectuará su transporte y viceversa. Estas actividades también se conocen como operaciones de recepción en terminal, carga y estiba para la exportación, y operaciones de desestiba, descarga y entrega para las operaciones de importación.

Como en todo tipo de transporte marítimo, el contenedor es el elemento que condiciona totalmente estas operaciones.

Los costos de la manipulación portuaria se calculan y aplican de manera diferente cuando las mercancías se transportan en contenedores de cuando no llegan a puerto contenerizadas.

Hay que destacar que los costos de la manipulación portuaria son también muy particulares cuando se transportan mercancías en graneles líquidos o en graneles sólidos.

A efectos de este manual, se considerarán únicamente los costos de paso por terminal de las mercancías que se mueven en contenedores y las que lo hacen envasadas o empaquetadas como, por ejemplo, la carga no contenerizada o la carga convencional.

Al manipular la mercancía en el puerto, los costos más significativos son:

- La descarga de la mercancía del medio de transporte con el que llega al puerto (generalmente en camión) y su acomodo en la zona de espera.
- El traslado al costado del buque en el muelle de carga, enganchado en los ganchos de las grúas que la cargan a bordo y su elevación para pasar por la borda del buque.

Figura 6.1. Grúa pórtico para contenedores buque-tierra tipo feeder en el muelle de una terminal.

Estas dos operaciones se conocen como «operaciones tierra» y reciben diferentes nombres. En los puertos del Mediterráneo español se conocen con el nombre de «recepción» la primera, y «carga» la segunda. En otros puertos, la segunda operación recibe el nombre de «acarreo».

La tercera operación, que consiste en el movimiento de grúa de paso por la borda del buque y el acomodo de la mercancía en la bodega del mismo, se conoce como «operación bordo» o de «estiba a bordo».

Por su parte, las operaciones en la importación se denominan desestiba, descarga y entrega.

Estas designaciones obedecen a dos razones básicas:

- Las «operaciones tierra» se realizan con el personal de tierra de las compañías estibadoras. Las «operaciones bordo» se hacen precisamente con los estibadores contratados justamente para este trabajo, la estiba a bordo.
- El costo de la estiba se incorpora o no en el flete dependiendo de que la naviera trabaje en línea regular y cotice este concepto incluido en el flete. Estos costos se aplican en general por tonelada o fracción.

Toda esta operativa es relativamente simple en el transporte de contenedores, debido a la rapidez y efectividad de los medios mecánicos utilizados, de modo que los costos de paso por la terminal han ganado en transparencia y se han agrupado

Figura 6.2. Descarga de un contenedor para su acarreo en una terminal portuaria.

en un solo documento que se conoce con el nombre de *terminal handling charge* (THC). Mediante el THC se aglutinan los gastos de recepción del contenedor y el acomodo en la zona de espera, los movimientos hasta situarlo debajo de la grúa que lo carga a bordo y el acomodo del contenedor en la célula que le haya sido asignada en la bodega del buque. En el caso de la importación se aplican de forma inversa los mismos costos.

Los THC se aplican por contenedor y simplifican en gran medida su gestión y repercusión al usuario final, facilitando notablemente la gestión de los embarques marítimos.

Con el auge del contenedor una gran parte del transporte marítimo –sobre todo del intermodal– se realiza utilizando estos equipos, de modo que los costos de terminal para mercancías convencionales se aplican a mercancías especiales de gran peso o volumen *(heavy lifts)* que no pueden ser contenerizadas, como ocurre en el caso del transporte de aerogeneradores, por ejemplo.

Capítulo 7

El conocimiento de embarque

1 Antecedentes y definición

Durante la Edad Media, en el período de la navegación a vela, existía una aventura marítima común porque era costumbre que el mercader, propietario de las mercancías, las acompañara durante el viaje hasta su destino, donde se vendían y se repartían los beneficios entre el mercader (o mercaderes) y el propietario del buque.

Con el desarrollo de las prácticas comerciales se fue abandonando progresivamente esta práctica. Las mercancías se transferían al capitán del buque para luego entregarlas en los establecimientos en destino de los propietarios o a sus compradores finales. En estos casos el capitán comenzó a firmar un documento que acreditaba la recepción de las mercancías y su compromiso de entrega. Esta nota de carga *(bill of lading)* pasó a ser posteriormente el contrato de transporte entre el embarcador *(shipper)* y el transportista *(carrier)* y aceptado como título de propiedad negociable.

En la actualidad, considerando su utilidad y su empleo de acuerdo con la legislación, el conocimiento de embarque se define como el documento mediante el cual el capitán de un buque reconoce haber recibido a bordo determinadas mercancías para ser transportadas y entregadas en el puerto de destino declarado al legítimo tenedor del citado documento.

Así, el conocimiento de embarque cumple tres funciones:

- Título probatorio de embarque de las mercancías.
- Título de propiedad de las mismas.
- Evidencia del contrato de transporte.

Por otro lado, los conocimientos de embarque emitidos pueden ser «nominativos», como título de propiedad que se extiende a nombre del receptor o consignatario de las mismas *(consignee),* o bien «a la orden», que permiten ser endosados a terceros como cualquier otro documento mercantil.

2 Modelos de conocimiento

Desde el punto de vista del modo o régimen de transporte, existen dos tipos de conocimiento de embarque:

- Conocimientos para ser usados en contratos de fletamento en los que la póliza es el propio contrato. Son conocimientos tipo *charter party.* De manera especial, la Bimco, que ha recogido, unificado y normalizado prácticas del transporte marítimo, ha registrado los modelos de estos conocimientos de embarque, el más popular de los cuales es el Congenbill *(general conditions bill of lading).* Este es el que se refiere a la más conocida de las pólizas de fletamento registradas por la Bimco, la Gencon *charter party.*

- Conocimientos de embarque para ser usados como contratos de transporte por sí mismos (transporte en régimen de conocimiento), Conlinebill *(liner conditions bill of lading)* o conocimiento de línea regular, también conocido como *liner bill of lading.*

Según su uso, el Conlinebill se puede presentar a su vez bajo distintos modelos:

- ***Liner bill of lading* (tradicional)**
  Es el clásico y más habitual de los conocimientos de embarque. Interviene un solo buque que hace el viaje desde un puerto de carga hasta otro de descarga (véase la figura 7.1).

- **Conocimiento corrido** *(through bill of lading)*
  Se utiliza cuando interviene más de un medio de transporte. Hace referencia a un puerto de carga, uno de descarga y un lugar de entrega diferente en el que se utilizan varios porteadores, marítimos o no, en varias fases, pero todo amparado en un único contrato con un único transportista. Alternativamente, puede ser un lugar de carga diferente del puerto de carga desde donde la empresa transportista se hace cargo de la mercancía hasta un destino pactado.

Shipper

LINER BILL OF LADING

B/L NO:

REFERENCE NO:

Consignee

Notify address

Pre-Carriage by *   Place of receipt by pre-carrier*

Vessel   Port of loading

Port of Discharge   Place of delivery by on-carrier*

Marks and Nos.   Number and kind or packages: description of goods   Gross Weight   Measurement

Particulars furnished by the Merchant

Freight details, charges etc.	Received for Shipment in apparent good order and condition, weight, measure, marks, numbers, quality, contents and value unknown for carriage to the Port of Discharge or so near thereunto as the Vessel may safely get and lie always afloat to be delivered in the like good order and condition at the aforesaid Port unto Consignees or their Assigns, they paying freight as indicated to the left plus other charges incurred in accordance with the provisions contained in this Bill of Lading. In accepting this Bill of Lading the Merchant expressly accepts and agrees to all its stipulations on both pages whether written, printed, stamped or otherwise incorporated as fully as if they were all signed by the Merchant. One original Bill of Lading must be surrendered duly endorsed in exchange for the goods or delivery order. IN WITNESS whereof the Master of the said Vessel has signed the number of original Bills of Lading stated below all of this tenor and date, one of which being accomplished the others to stand void.
	Number of original / Place and date of issue
*Applicable only when document used as a Through Bill of Lading	Freight payable at / Signature

Figura 7.1. Modelo de conocimiento de embarque *liner bill of lading.*

LINER BILL OF LADING

(Liner terms approved by the Baltic and International Maritime Conference)

Code Name 'CONELINEBILL'

Amended January 1st, 1950.

Amendetl August 1st, 1952.

1. Definition.
Wherever the term 'Merchant' is used in this Bill of Lading, it shall be deemed to include the Shipper, the Receiver, the Consignee, the Holder of the Bill of Lading and the Owner of the cargo.

2. Paramount Clause.
The Hague Rules contained in the International Convention for the Unification of certain rules relating to Bills of Lading, dated Brussels the 25th August 1924, as enacted in the country of shipment shall apply to this contract. When no such enactment is in force in the country of shipment, the corresponding legislation of the country of destination shall apply, but in respect of shipments to which no such enactments are compulsorily applicable the terms of the said Convention shall apply.

3. Jurisdiction.
Any dispute arising under this Bill of Lading shall be decided in the country where the Carrier has his principal place of business, and the law of such country shall apply except as provided elsewhere herein.

4. Period of Responsibility.
The Carrier or his Agent shall not be liable for loss of or damage to the goods during the period before loading and after discharge from the vessel, howsoever such loss or damage arises.

5. The Scope of Voyage.
The contract is for liner service and the voyage herein undertaken shall include usual or customary or advertised ports of call whether named in this contract or not, also ports in or out of the advertised, geographical, usual or ordinary route or order, even though in proceeding thereto the vessel may sail beyond the port of discharge or in a direction contrary thereto, or depart from the direct or customary route. The vessel may call at any port for the purpose of the current voyage or of a prior or subsequent voyage. The vessel may omit calling at any port or ports whether scheduled or not, and may call at the same port more than once; may, either with or without the goods on board, and before or after proceeding towards the port of discharge, adjust compasses, dry-dock, go on ways or to repair yards, shift berths, undergo degaussing, wiping or similar measures, take fuel or stores, land stowaways, remain in port, sail without pilots, tow and be towed, and save or attempt to save life or property, and all of the foregoing are included in the contract voyage.

6. Substitution of Vessel, Transhipment and Forwarding.
Whether expressly arranged beforehand or otherwise, the Carrier shall be at liberty to carry the goods to their port of destination by the said or other vessel or vessels either belonging to the Carrier or others, or by other means of transport, proceeding either directly or indirectly to such port and to carry the goods or part of them beyond their port of destination, and to tranship, land and store the goods either on shore or afloat and reship and forward the same at Carrier's expense but at Merchant's risk. When the ultimate destination at which the Carrier may have engaged to deliver the goods is other than the vessel's port of discharge, the Carrier acts as Forwarding Agent only.
The responsibility of the Carrier shall be limited to the part of the transport performed by him on vessels under his management and no claim will be acknowledged by the Carrier for damage or loss arising during any other part of the transport even though the freight for the whole transport has been collected by him.

7. Lighterage.
Any lightering in or off ports of loading or ports of discharge to be for the account of the Merchant.

8. Loading, Discharging and Delivery
of the cargo shall be arranged by the Carrier's Agent unless otherwise agreed. Landing, storing and delivery shall be for the Merchant's account.
Loading and discharging may commence without previous notice.
The Merchant or his Assign shall tender the goods when the vessel is ready to load and as fast as the vessel can receive and - but only if required by the Carrier - also outside ordinary working hours notwithstanding any custom of the port. Otherwise the Carrier shall be relieved of any obligation to load such cargo and the vessel may leave the port without further notice and dead freight is to be paid.
The Merchant or his Assign shall take delivery of the goods and continue to receive the goods as fast as the vessel can deliver and - but only if required by the Carrier - also outside ordinary working hours notwithstanding any custom of the port. Otherwise the Carrier shall be at liberty to discharge the goods and any discharge to be deemed a true fulfilment of the contract, or alternatively to act under clause 16.
Goods are to be deemed delivered to the consignee at the precise moment these goods are discharged from the ship. Any protestation or reservation tendered after discharging is null and void.
The Merchant shall bear all overtime charges in connection with tendering and taking delivery of the goods as above. If the goods are not applied for within a reasonable time, the Carrier may sell the same privately or by auction.
The Merchant shall accept his reasonable proportion of unidentified loose cargo.

9. Live Animals, Plants and Deck Cargo
shall be carried subject to the Hague Rules as referred to in clause 2 hereof with the exception that the Carrier shall not be liable for any loss or damage resulting from any act, neglect or default of his servants in the management of such animals, plants and deck cargo.

10. Options.
The port of discharge for optional cargo must be declared to the vessel's Agents at the first of the optional ports not later than 48 hours before the vessel's arrival there. In the absence of such declaration the Carrier may elect to discharge at the first or any other optional port and the contract of carriage shall then be considered as having been fulfilled. Any option can be exercised for the total quantity under this Bill of Lading only.

11. Freight and Charges.
a) Prepayable freight, whether actually paid or not, shall be considered as fully earned upon loading and non-returnable in any event. The Carrier's claim for any charges under this contract shall be considered definitely payable in like manner as soon as the charges have been incurred.
Interest at 5 per cent shall run from the date when freight and charges are due.
b) The Merchant shall be liable for expenses of fumigation and of gathering and sorting loose cargo and of weighing on board and expenses incurred in repairing damage to and replacing of packing due to excepted causes and for all expenses by extra handling of the cargo for any of the aforementioned reasons.
c) Any dues, duties, taxes and charges which under any denomination may be levied on any basis such as amount of freight, weight of cargo or tonnage of the vessel shall be paid by the Merchant.
d) The Merchant shall be liable for all fines and/or losses which the Carrier, vessel or cargo may incur through non-observance of Custom House and/or import or export regulations.
e) The Carrier is entitled in case of incorrect declaration of contents, weight, measurements or value of the goods to claim double the amount of freight which would have been due if such declaration had been correctly given. For the purpose of ascertaining the actual facts, the Carrier reserves the right to obtain from the Merchant the original invoice and to have the contents inspected and the weight, measurement or value verified.
f) Freight to be paid either in USA dollars or, if acceptable to the lines, in the currency of the country, where the port of shipment lies (for prepaid shipments). The USA dollar to be converted at the highest rate of exchange ruling on the day prior to ship's departure (for freight prepaid shipments). However, in case of a change in the interrelationship of currencies as valid and as established by the International Monetary Fund on November, 22nd, 1967, payment will have to be effected as the carrier will decide in:

a) USA dollar or
b) after conversion at the official selling-rate of exchange valid on November, 22nd, 1967, in: West German Marks.

12. Lien.
The Carrier shall have a lien any amount due under this contract and costs of recovering same and shall be entitled to sell the goods privately or by auction to cover any claims.

13. Delay.
The Carrier shall not be responsible for any loss sustained by the Merchant through delay of the goods unless caused by the Carrier's personal gross negligence.

14. General Average and Salvage.
disaster before or after commencement of the voyage resulting from any cause whatsoever, whether due to negligence or not, for which or for the consequence of which the Carrier is not responsible by statue, contract or otherwise, the Merchant shall contribute with the Carrier in General Average to the payment of any sacrifice, losses or expenses of a General Average nature that may be made or incurred, and shall pay salvage and special charges incurred in respect of the goods. If a salving vessel is owned or operated by the Carrier, salvage shall be paid for as fully as if the salving vessel or vessels belonged to strangers.

15. Both-to-blame Collision Clause. (This clause to remain in effect even if unenforceable in the Courts of the United States of America.)
If the vessel comes into collision with another vessel as a result of the negligence of the other vessel and any act, negligence or default of the Master, Mariner, Pilot or the servants of the Carrier in the navigation or in the management of the vessel, the Merchant will indemnify the Carrier against all loss or liability to the other or non-carrying vessel or her Owner in so far as such loss or liability represents loss of or damage to or any claim whatsoever of the Owner of the said goods paid or payable by the other or non-carrying vessel or her Owner to the Owner of said cargo and set-off, or recouped or recovered by the other or non-carrying vessel or her Owner as part of his claim against the carrying vessel or Carrier. The foregoing provisions shall also apply where the Owner, operator or those in charge of any vessel or vessels or Objects other than, or in addition to, the colliding vessels or objects are at fault in respect of a collision or contact.

16. Government directions, War, Epidemics, Ice, Strikes, etc.
a) The Master and the Carrier shall have liberty to comply with any order or directions or recommendations in connection with the transports under this contract given by any Government or Authority, or anybody acting or purporting to act on behalf of such Government or Authority, or having under the terms of the insurance on the vessel the right to give such orders or directions or recommendations.
b) Should it appear that the performance of the transport would expose the vessel or any goods on board to risk of seizure or damage or delay, resulting from war, warlike operations, blockade, riots, cive commotions or piracy, or any person on board to the risk of loss of life or freedom, or that any such risk has increased, the Master may discharge the cargo at port of loading or any other safe and convenient port.
c) Should it appear that epidemics, quarantine, ice - labour troubles, labour obstructions, strikes, lockouts, any which on board or on shore - difficulties in loading or discharging would prevent the vessel from leaving the port of loading or reaching or entering the port of discharge or there discharging in the usual manner and leaving again, all of which safely and without delay, the Master may discharge the cargo at port of loading or any other safe and convenient port.
d) The discharge under the provisions of this clause of any cargo for which a Bill of Lading has been issued shall be deemed due fulfilment of the contract. If in connection with the exercise of any liberty under this clause any extra expenses are incurred, they shall be paid by the Merchant in addition to the freight, together with return freight if any and a reasonable compensation for any extra services rendered to the goods.
e) If any situation referred to in this clause may be anticipated, or if for any such reason the vessel cannot safely and without delay reach or enter the loading port or must undergo repairs, the Carrier may cancel the contract before the Bill of Lading is issued.
f) The Merchant shall be informed if possible.

17. Identify of Carrier.
The Contract evidenced by this Bill of Lading is between the Merchant and the Owner of the vessel named herein (or Substitute) and it is therefore agreed that said Shipowner only shall be liable for any damage or loss due to any breach or non-performance of any obligation arising out of the contract of carriage, whether or not relating to the vessel's seaworthiness. If, despite the foregoing, it is adjudged that any other is the Carrier and/or bailee of the goods shipped hereunder, all limitations of, and exonerations from, liability provided for by law or by this Bill of Lading shall be available to such other. It is further understood and agreed that as the Line, Company or Agents who has executed this Bill of Lading for and on behalf of the Master is not a principal in the transaction, said Line, Company or Agents shall not be under any liability arising out of the contract of carriage, nor as Carrier nor bailee of the goods.

ADDITIONAL CLAUSES.

A. Perishable Goods:
The Carrier or his Agent are not to be responsible for any loss or damage to and/or deterioration of Fruit, Onions, Vegetables or perishable Goods of any kind whatsoever on board even if such loss, damage and/or deterioration result from a cause for which but for this clause the steamship would have been liable.

B. Liability:
The liability of the Carrier shall in no case exceed the CIF price of the goods shipped hereunder provided it does not exceed £. 100 per package.

C. Iron and Steel:
Vessel not responsible for correct delivery and all expenses incurred at port of discharge consequent upon insufficient securing or marking will be payable by consignees unless:
a) every piece is distinctly and permanently marked with oil paint;
b) every bundle is securely fastened, distinctly and permanently marked with oil paint and metal tagged, so that each piece or bundle can be distinguished at port of discharge.

D. Morocco:
This Bill of Lading is not valid for customs clearance of the merchandise mentioned therein unless duly endorsed for this purpose by the Agents of the vessel at the Port of Destination. 'Taxe de Péage' for account of the cargo.

E. Algeria:
Delivery Bord in Algerian Ports. 'Taxe de Péage' for account of the cargo.

F. Himalaya Clause.
It is hereby expressly agreed that no servant or agent of the Carrier (including every independent contractor from time to time employed by the Carrier) shall in any circumstances whatsoever be under any liability whatsoever to the shipper or consignee for any loss, damage or delay of whatsoever kind arising or resulting directly or indirectly from any act, neglect or default on his part while acting in the course of or in connection with his employment and but without prejudice to the generality of the foregoing provision in this clause, every exemption, limitation, condition and liberty herein contained and every right, exemption from liability defence and immunity of whatsoever nature applicable to the Carrier or to which the Carrier is entitled hereunder shall also be available and shall extend to protect every such servant or agent of the Carrier acting as aforesaid and for the purpose of all the foregoing provisions of this clause the Carrier is or shall be deemed to be acting as agent or trustee on behalf of and for the benefit of all persons who are or might be his servants or agents from time to time (including independent contractors as aforesaid) and all such persons shall to this extent be or be deemed to be parties to the contract in or evidenced by this Bill of Lading.

Figura 7.2. **Dorso del modelo de conocimiento de embarque** *liner bill of lading.*

<u>**Code Name: "COMBICONBILL"**</u>

Shipper

B/L No.

Reference No.

N e g o t i a b l e
COMBINED TRANSPORT BILL OF LADING
Revised 1995

Consigned to order of

Notify party/address

Place of receipt

Ocean Vessel | Port of loading

Port of discharge | Place of delivery | Freight payable at | Number of original Bills of Lading

Marks and Nos. | Quantity and description of goods | Gross weight, kg, Measurement, m³

Particulars above declared by Shipper

Freight and charges

RECEIVED the goods in apparent good order and condition and, as far as ascertained by reasonable means of checking, as specified above unless otherwise stated.
The Carrier, in accordance with and to the extent of the provisions contained in this Bill of Lading, and with liberty to sub-contract, undertakes to perform and/or in his own name to procure performance of the combined transport and the delivery of the goods, including all services related thereto, from the place and time of taking the goods in charge to the place and time of delivery and accepts responsibility for such transport and such services.
One of the Bills of Lading must be surrendered duly endorsed in exchange for the goods or delivery order.
IN WITNESS whereof TWO (2) original Bills of Lading have been signed, if not otherwise stated above, one of which being accomplished the other(s) to be void.

Shipper's declared value of ......

Place and date of issue

subject to payment of above extra charge.

Signed for

.... as Carrier

Note:
The Merchant's attention is called to the fact that according to Clauses 10 to 12 and Clause 24 of this Bill of Lading, the liability of the Carrieris, in most cases, limited in respect of loss of or damage to the goods and delay.

by ....

As agent(s) only to the Carrier

Printed by the BIMCO Charter Party Editor

p.t.o.

Figura 7.3. **Modelo de conocimiento de embarque** *combined transport bill of lading.*

- ***Combined transport bill of lading***

  Es igual que el anterior pero es más utilizado cuando hay varios modos de transporte. Por ejemplo, cuando interviene un buque combinado con ferrocarril o un buque combinado con camión (véase la figura 7.3).

- ***Multimodal transport bill of lading***

  Es emitido por la Bimco y es válido para los tipos de transporte en los que se usa más de un modo como en los dos ejemplos anteriores.

La rapidez con la que se realizan los transportes y la necesidad de acceder a la posesión de las mercancías por parte del destinatario han favorecido la aparición de las modalidades *short form* o *express release,* en las que el conocimiento de embarque ha perdido su función de título de propiedad de la mercancía. Las *short forms* son simples cartas de porte marítimo *(seaway bill of lading)* que han perdido su representatividad y capacidad de ser negociadas. Esto elimina los problemas que ocasiona la circulación del título (bancos, correos, etc.) con las subsecuentes posibilidades de pérdida.

El transporte puede ser subcontratado en más de una ocasión y siempre los subcontratistas asumen la responsabilidad de transportista ante del cargador y emiten, en consecuencia, su propio conocimiento de embarque o documento de transporte, que también se conocen como:

- ***Master bill of landing***

  Es el que emite el transportista principal, es decir la compañía marítima, bajo su responsabilidad cuando se efectúa el transporte en su buque.

- ***House bill of lading***

  El subcontratista, que ha asumido ante del cargador la responsabilidad del transporte desde su origen a su destino final, emite en ocasiones su propia carta de porte o *house bill of lading,* haya o no más de un medio de transporte.

3   Cláusulas del conocimiento de embarque

Cabe recordar que el conocimiento de embarque es un contrato de transporte de adhesión, es decir, el cargador se adhiere a las condiciones que estipula el transportista mediante unas cláusulas.

Estas cláusulas se recogen generalmente en la parte primera del documento empleado por la naviera. Si se trata de un conocimiento de embarque Conlinebill de una línea regular reconocida, su clausulado será el registrado por la Bimco. En el caso de ser *house bill of lading,* las condiciones que se recogen en la parte primera serán las aprobadas por la Federación Internacional de Asociaciones de Agentes Transitarios (International Federation of Freight Forwarders Associations o Fiata) y reconocidas por la Cámara de Comercio Internacional (CCI).

En esta parte primera se definen los actores que intervienen, como son el transportista, el contratista, que es el legítimo tenedor del conocimiento de embarque, el embarcador, el receptor, etc. Se recoge también cuanto se refiere a responsabilidad y exención de la misma, reclamaciones, prescripción, entrega, mercancías peligrosas, legislación aplicable, etc.

En la segunda parte del conocimiento de embarque (parte frontal), se indica el nombre del transportista y el número del mismo, que suele ir impreso en el propio documento.

Las principales informaciones que se detallan en el conocimiento de embarque son:

- **Cargador** *(shipper)*
  Es la persona física o jurídica que entrega las mercancías al capitán del buque o a su agente para luego embarcarlas y transportarlas desde un lugar a otro. También se le denomina embarcador.

- **Receptor** *(consignee)*
  Alternativamente, «consignado a la orden de» *(consigned to the order of)*. El receptor de las mercancías suele ser el comprador de las mismas en el caso del conocimiento de embarque nominativo. En el caso de «a la orden», el conocimiento de embarque puede ser endosado a terceros, diferentes del comprador inicial. Se suele emitir cuando el medio de pago de la compraventa sea una carta de crédito documental, en cuyo caso el conocimiento de embarque se emite «a la orden», indicando el nombre del banco que financia la operación.

- **Notifíquese** *(notify)*
  En este apartado se recoge el nombre de la persona física o jurídica a quien el agente consignatario del buque en el puerto de llegada está obligado a informar, en nombre de la empresa transportista o capitán del buque, de la llegada de este y de la disponibilidad de la mercancía para su entrega.

Habitualmente coincide el nombre del notificado con el del receptor de las mercancías.

- **Lugar de recepción** *(place of receipt)*
  Aparece en los conocimientos de embarque multimodales o corridos en los que el transportista se hace cargo de la mercancía en un lugar distinto y anterior al puerto de carga.

- **Nombre del buque** *(vessel's name)*

- **Puerto de carga** *(port of loading)*
  El puerto de carga efectivo de la mercancía.

- **Puerto de descarga** *(port of discharge)*
  El puerto efectivo de descarga de la mercancía.

- **Lugar de entrega** *(place of delivery)*
  Se expone en los conocimientos de embarque multimodales o corridos en los que el transportista se responsabiliza de entregar la mercancía en un lugar diferente al puerto de descarga efectivo de la mercancía.

- **Marcas y números** *(marks and Nos.)*
  El cargador, para identificar su mercancía, declara la cantidad de bultos que embarca y las marcas y números que identifican a los mismos.

- **Descripción de las mercancías** *(description of goods)*
  El cargador está obligado a indicar el tipo de bultos que embarca (palés, bidones, jaulas, sacos, etc.), así como a describir la mercancía (lavadoras, coches, partes de coches, televisores, cemento, muebles, etc.).

- **Peso bruto (kg), volumen (m^3)** *(gross weight kg, mesurement m^3)*
  El cargador tiene que declarar el peso y volumen de la mercancía, que servirá al transportista para calcular el flete.

A los efectos del contrato de transporte, el cargador se responsabiliza de la veracidad de la información que facilita.

En el transporte de mercancías en contenedores no es necesario indicar marcas ni número de bultos. En este apartado se recoge el número del contenedor.

En cuanto a la descripción, se suele utilizar la fórmula:

> ***One container*** (o el número de contenedores que se embarquen).
>
> ***Said to contain*** (descripción de la mercancía que se encuentra en el interior del contenedor).

4 La cláusula «ignoro peso y contenido»

Dado que el transportista no verifica el peso ni el contenido de los bultos que le entregan para transportar (cajas cerradas, sacos cerrados, etc.), este acepta la declaración que le hace el cargador pero no se responsabiliza de esta información. De aquí que los conocimientos de embarque suelen llevar impresa la cláusula *«contents/weight unknown, quantity, marks, and description as stated by shipper»* (peso y contenido desconocido, cantidad, marcas y descripción de acuerdo a como han sido declarados por el cargador) o cualquiera otra similar, mediante la cual el transportista se exime de la responsabilidad acerca de los datos facilitados por el cargador o embarcador.

5 La cláusula «a bordo» o «embarcado» *(shipped on board)*

Los conocimientos de embarque pueden llevar o no impresa la cláusula *shipped on board* o «a bordo».

En este caso, una vez firmado, el capitán o su agente certifica que las mercancías están cargadas a bordo del buque.

Hay ocasiones en que los conocimientos de embarque se emiten antes de que las mercancías se encuentren a bordo del buque indicado. En estos casos se suelen utilizar los conocimientos recibidos para embarque *(received to be shipped BL)*.

En la mayoría de los casos, las mercancías objeto de transporte se cobran por parte del vendedor cuando estas se encuentran a bordo del buque. La utilización del conocimiento de embarque con la cláusula *shipped* (embarcada) estampillada es la más usual.

Otras cláusulas que se recogen en la segunda parte son:

- Importe del flete y recargos.
- Lugar donde se paga el flete y condiciones de pago (prepagado o pagadero en destino).

- Número de originales emitidos.
- Fecha y lugar de emisión.
- Firma del capitán del buque o de la persona física o jurídica debidamente autorizada por el transportista.

6 El conocimiento limpio

El transportista recibe unas mercancías determinadas para ser entregadas en el puerto de destino. Asume la responsabilidad de las mismas durante el viaje y, en consecuencia, tiene un gran interés en establecer las condiciones en que se encuentran al empezar el viaje.

Aunque el transportista aplica la cláusula «ignoro peso y contenido» respecto a los bultos que recibe, debe dejar constancia de que los mismos se reciben en un estado determinado: en perfecto orden y estado, golpeados, rotos, manchados, mojados, etc.

Cuando los bultos se reciben a bordo en perfecto orden, el transportista emite el conocimiento de embarque sin ninguna anotación acerca del estado de la mercancía. Este conocimiento se entiende como conocimiento de embarque limpio *(clean BL),* es decir, que no lleva ninguna nota inserta acerca del estado de la mercancía.

Muchos cargadores y receptores exigen a los transportistas que, cuando el conocimiento de embarque es limpio, incluyan en el mismo un sello con la leyenda *«clean on board»* (limpio a bordo), lo que viene a ser una redundancia en el caso de un conocimiento de embarque marcado *shipped* y que no presente ninguna nota acerca del estado de la mercancía. De cualquier manera, actualmente esta práctica está muy extendida.

Por el contrario, un conocimiento de embarque que lleve anotaciones acerca del estado de la mercancía como «mercancía mojada en un 30 %» o «cuatro bultos dañados», por ejemplo, es un conocimiento de embarque sucio. Está claro que a la hora de negociarlos, los conocimientos sucios presentan muchas dificultades y es por ello que los cargadores o receptores prefieren únicamente recibir conocimientos limpios.

Capítulo 8
El seguro de transporte de mercancías

El seguro es un elemento indispensable del transporte marítimo. Su función es la de prestar la cobertura adecuada ante los posibles riesgos a los que las mercancías están sometidas.

El contrato del seguro de transporte es una operación contractual en la que el asegurador está obligado, mediante el cobro de una prima, a indemnizar a la otra parte (asegurado o beneficiario) por los daños y pérdidas materiales y económicas derivadas de un accidente. Afecta tanto a los elementos que realizan el transporte como a los objetos transportados y sus posibles consecuencias económicas durante el mismo por vía terrestre, fluvial, marítima o aérea.

La cobertura de seguro de mercancías forma parte de los seguros denominados «daños sobre las cosas», cuya característica principal es su carácter indemnizatorio. Sin embargo, nadie puede pretender, en virtud a este carácter, indemnizaciones superiores al daño sufrido, pues el seguro no puede constituir causa de lucro o beneficio para el asegurado. La indemnización que se deba percibir por el asegurado no debe colocarle en una situación más ventajosa que si el siniestro no hubiese ocurrido.

El seguro posee distintos caracteres:

- Indemnizatorio.
- Bilateral. Existen dos partes contratantes, el asegurador y el tomador.
- De adhesión. El asegurador impone la mayoría de las estipulaciones, adhiriéndose el asegurado a las mismas.
- Oneroso.
- Aleatorio. El riesgo nunca puede ser cierto (evidente) y de serlo el contrato no podrá ser realizado.
- De buena fe.

– Subrogatorio. Permite al asegurador, una vez haya pagado la indemnización al asegurado, asumir los derechos del asegurado ante terceros, pudiendo ejercer las acciones necesarias para reclamar los daños causados por estos.

El seguro marítimo es el seguro de transporte por antonomasia. La idea del seguro se originó con la actividad del transporte marítimo y los posibles daños que cubría eran los que afectaban a los grandes patrimonios que se ponían en juego, es decir, el buque y la carga. Se trata, por lo tanto, de un seguro de daños que cubre los riesgos que puede sufrir una serie de intereses como el buque, la carga, el flete y la responsabilidad sobre un conjunto de riesgos propios de la aventura marítima.

A pesar de que los riesgos que cubre están regulados por la legislación de cada país, no se puede dejar de reconocer que actualmente el seguro está considerablemente influenciado por las prácticas, normas y regulaciones inglesas.

Las personas que intervienen en el contrato de seguro son cuatro:

* **El asegurador** que es la persona que cubre el riesgo.
* **El asegurado** que es la otra parte contratante exponente del riesgo con derecho a recibir una indemnización del asegurador en caso de producirse el riesgo asegurado.
* **El tomador** que es quien pactará el contrato con el asegurador asumiendo las obligaciones que de este se deriven y se comprometerá a pagar la prima al asegurador, siempre con el consentimiento del asegurado.
* **El beneficiario** que es quien se beneficiará de la hipotética indemnización en el caso de que el riesgo asegurado sufra un daño o pérdida, siempre con el consentimiento autorizado del asegurado en el supuesto de ser distintas personas.

1 Clasificación según el medio de transporte

El seguro de transporte de mercancías se desarrolla en cuatro modalidades, que se pueden clasificar según el modo en el que se desarrolle el transporte:

* **Marítimo**
  Comprende el aseguramiento de buques de navegación marítima, el material relacionado con la navegación (contenedores, dragas, pontones, etc.) y el de la mercancía transportada.

* **Fluvial y lacustre**
  Incluye el aseguramiento de buques y cargas en ríos y lagos.

- **Terrestre**

  Cabe distinguir entre el medio o vehículo destinado al transporte y la mercancía transportada, el seguro del material ferroviario (vagones en tráfico) y el de camiones y otras unidades de transporte de carga, avería de maquinaria e incendio.

- **Aéreo**

  Se incluyen dentro de esta modalidad los seguros de aeronaves y el de las mercancías transportadas por vía aérea.

- **Combinado o multimodal**

  Esta modalidad comprende los casos en los que para efectuar un mismo transporte se precisan dos o más de los medios indicados anteriormente.

2   Clasificación según el interés puesto en riesgo

Uno de los modos de clasificar los seguros de transporte es haciendo hincapié en el interés puesto en riesgo. Así, es posible diferenciar entre:

- **Seguro de los medios de transporte**

  También denominado «seguro de cascos». En el caso del seguro marítimo es el que comprende el seguro de los buques y otros elementos flotantes. Pueden incluirse en esta clasificación los riesgos de construcción y del período de pruebas de buques y el seguro de embarcaciones de recreo. Igualmente, cabe incluir el seguro de los vagones y camiones en tráfico, en el caso de los seguros terrestres, y el de las aeronaves, en el caso de los aéreos.

- **Seguro de los bienes transportados**

  Se refiere al seguro de las mercancías transportadas, ya sea por vía marítima, fluvial, terrestre o aérea. También pueden comprenderse dentro de esta modalidad los seguros de equipajes y muestras o equipos para la participación en ferias y exposiciones, por ejemplo.

- **Seguro de intereses**

  Dentro de esta categoría pueden incluirse los seguros sobre desembolsos y riesgos de buena llegada, los de flete y los de beneficio probable o esperado tras su comercialización o fabricación.

- **Seguro de responsabilidades**
  Tienen por objeto amparar aquellas responsabilidades por daños causados a bienes de terceros que sean imputables a la propiedad o explotación del buque o medio de transporte asegurado, y a los profesionales de las empresas operadoras que puedan intervenir en el transporte (consignatarias y transitarias). Esta garantía solo se admite como adicional o complementaria al seguro principal.

3   Modalidades de contratación

Cada seguro posee unas características específicas que permiten clasificarlos en diferentes modalidades de contratación:

- **Seguro temporal o a término fijo**
  Este es el seguro más habitual. Comprende aquellas operaciones para las que se establece un período determinado de cobertura. Cubre tanto los transportes que se deban efectuar durante un período determinado como el número de partidas de mercancías que se vayan transportar, que deben ser embarcadas en más de un viaje para completar su transporte. Suele establecerse por un año prorrogable tácitamente.

- **Póliza única o por viaje**
  Tiene por objeto la cobertura de un determinado envío o transporte de mercancías y no viene establecida en función de un período de tiempo, sino en relación con un determinado viaje o varios viajes.

- **Póliza de abono o flotante**
  Comprende una serie de transportes, indeterminados en el momento del contrato, que se desarrollan durante un determinado período de tiempo previamente establecido.

- **Póliza de facturación** *(forfait)*
  Garantiza todos los transportes de una mercancía determinada, con un límite máximo de valor asegurado en función del volumen de facturación estimado sobre el valor de la mercancía transportada durante el período de cobertura pactado con el asegurador. Por lo tanto, el asegurado no tiene obligación de comunicar al asegurador todos los transportes que se realicen durante el período de cobertura.

4 Riesgos cubiertos

Se exponen a continuación los riesgos que cubren las condiciones generales de la conocida como «póliza española», que se complementan con las condiciones inglesas en el seguro de mercancías.

En la parte referente al seguro marítimo de mercancías, en el mercado español se utiliza un contrato-tipo que cubre casi la totalidad de entidades aseguradoras que operan en el país. Dicha póliza se inspira en gran parte en los preceptos contenidos en la Ley de Navegación Marítima y en la Ley 50/80 del Contrato de Seguro. Los riesgos que cubre esta póliza (similares a las del Instituto de Aseguradores de Londres [Institute Cargo Clauses] de nivel C) bajo cubierta son:

- Pérdida total.
- Gastos de salvamento.
- Contribución a la avería gruesa.
- Avería particular por incendio.
- Naufragio.
- Varada o abordaje.

Y para cargas sobre cubiertas, cuando expresamente se declaren en la póliza serían:

- Pérdida total.
- Debida a igual pérdida del buque.
- Contribución a la avería gruesa.
- Arrastre por las olas.
- Echazón deliberada.

Las principales exclusiones son: apresamiento, secuestro o embargo, así como los perjuicios que procedan de contrabando o de incumplimiento de leyes; los riesgos procedentes de guerras, huelgas, sabotajes; hurto, robo y falta de entrega total o parcial de bultos completos; pérdidas y gastos que resulten de faltas de peso, retraso en la expedición, fermentación, germinación, etc., debidos a la naturaleza o vicios propios de las cosas.

En la actualidad, con la mercancía transportada en buques portacontenedores no se diferencia entre mercancía sobre cubierta o en bodega.

5   Amplitud de la cobertura

Según sea mayor o menor el número de riesgos cubiertos, las pólizas de seguro se clasificarán de maneras distintas. Desde la cobertura mínima, representada por el seguro por la pérdida total en unos determinados casos exclusivos, hasta la más amplia, conocida con el nombre de «seguro contra todo riesgo». La práctica aseguradora ofrece una serie de modalidades con unas condiciones específicas de cobertura que, en muchos casos, siguen la pauta marcada por el mercado de Londres.

6   Elementos del contrato

Los elementos esenciales del seguro de transporte son la causa, el objeto y el consentimiento. Es necesario diferenciar, a pesar de tratarse de unos elementos comunes a todas las modalidades, el seguro de transporte marítimo del terrestre y del aéreo.

6.1   La causa

En el contrato de seguro marítimo de mercancías, la causa es el riesgo o peligro al que se halla expuesta la carga objeto del transporte. Tales riesgos o peligros pueden ser muy variados, como también pueden serlo las consecuencias de los mismos. Algunos de estos peligros son:

- Peligros propios o inherentes al medio de transporte (naufragio, colisión, incendio, etc.).
- Accidentes diversos (imprevistos sobrevenidos durante la carga o descarga, falta de entrega, etc.).
- Interferencias de actos del hombre (robo, piratería, negligencia, etc.).
- Riesgos específicos (herrumbre y oxidación, derrames, roturas, etc.).
- Riesgos políticos y sociales (guerras, pronunciamientos militares, huelgas, motines y tumultos populares, etc.).

6.2   El objeto

En el contrato de seguro marítimo de mercancías, el objeto es el bien o el interés asegurado que se halla expuesto a cualquiera de los riesgos antes mencionados. El objeto está estrechamente relacionado con su valoración económica. Para determinarla, además de considerar el valor de factura de una determinada mercancía, se deberá tener en cuenta su punto final de destino. Puede resultar indispensable incrementar aquel primer valor con la añadidura de otras partidas y conceptos, como podrían ser el flete, los gastos y los derechos de aduana, la prima del seguro, etc.

6.3   El consentimiento

El contrato de seguro es un contrato formal y, por tanto, no basta únicamente el consentimiento verbal para su validez, sino que, según el ordenamiento jurídico, es preciso que conste por escrito en póliza y que esté firmada por las partes contratantes. La póliza es el documento que regula el conjunto de relaciones (derechos y obligaciones) entre el asegurado y el asegurador.

La causa, el objeto y el consentimiento en el contrato de seguro terrestre y aéreo de mercancías son elementos sustancialmente iguales a los examinados al hacer referencia al seguro marítimo. A pesar de ello será necesario formular ciertas observaciones.

Respecto a la causa, conviene diferenciar aquellos peligros que son propios del medio de transporte empleado. Así, ciertos riesgos solo podrán darse en un viaje marítimo en tanto que otros podrán producirse únicamente en tierra o en aire.

También se deberá tener en cuenta que los peligros políticos y sociales son objeto de tratamiento distinto en razón, fundamentalmente, de condicionamientos de orden técnico.

Con relación al interés asegurado, cabe señalar que las leyes no prevén el seguro del beneficio probable o esperado en relación al transporte terrestre. Sin embargo, dado el amplio régimen de autonomía de la voluntad reconocido por el ordenamiento jurídico, es perfectamente aplicable dicha cobertura en los términos permitidos para el seguro marítimo. Lo mismo cabría decir con respecto al seguro aéreo.

7   Cláusulas

Las exigencias derivadas del comercio han determinado la aplicación cada vez más frecuente de cláusulas cuya finalidad es la de ofrecer una cobertura adecuada a las necesidades del cargador, asegurador o beneficiario del seguro. Así, las limitaciones propias del condicionado general de la póliza española pueden ser ampliadas mediante lo que se denomina «condiciones especiales». Las coberturas que solo cubren los daños debidos a accidentes de mar pueden ampliarse hasta alcanzar la cobertura conocida como «a todo riesgo», que cubre también otras eventualidades.

Por otra parte, los usos y las normas propios del comercio internacional, así como la frecuente intervención en operaciones de compraventa de los intermediarios financieros, obligan también al empleo de cláusulas y condiciones procedentes de otros mercados, entre las que destacan por su generalizada utilización las procedentes del Instituto de Aseguradores de Londres (Institute Cargo Clauses o ICC).

8   Antecedentes

Desde finales de la década de 1970, con el aumento de los intercambios comerciales internacionales y la modernización de los medios de transporte (contenerización de las mercancías), se introdujeron cambios sustanciales en los seguros del transporte de mercancías. En la convención de Viena, en 1980, se activó la unificación de criterios y la homologación de procedimientos comerciales entre países. Paralelamente, en el Instituto de Aseguradores de Londres se elaboraron las condiciones de cobertura ICC. El propósito era disponer de unos clausulados estándar y bien diferenciados, de fácil adaptación, que distinguieran las distintas posibilidades en función de las características que pueden presentar las mercancías y que, al mismo tiempo, fueran de fácil comprensión.

Las ICC comprenden diversas modalidades de cobertura, en función de que la amplitud de los riesgos cubiertos sea mayor o menor. Existen los niveles A, B y C que desde 1982 sustituyen a las anteriores coberturas a «todo riesgo».

Las coberturas inglesas introdujeron en el sector asegurador internacional un nuevo concepto de interpretación de las cláusulas. En la confección de estas coberturas primó la simplificación y su contenido se caracteriza por incluir todos los riesgos que anteriormente no estaban explícitamente excluidos.

Las pólizas con las condiciones inglesas se diferencian en numerosos rasgos de las españolas: son más simples y claras y tienen una cobertura más amplia en garantías y tiempo. Abarcan desde el almacén del suministrador hasta el del comprador u otro designado al efecto en la póliza, mientras que la española solo abarca de muelle a muelle.

9   Transporte vía terrestre y aérea

Las diferencias que pueden presentarse entre una y otra entidad aseguradora son de escasa importancia. A excepción de algunos casos derivados de la política de suscripción seguida por algunos aseguradores, los riesgos que cubren las pólizas se pueden clasificar de la siguiente manera:

• **Medio terrestre:**

– Camión
  La póliza cubre vuelco, choque, incendio; accidentes debidos a casos fortuitos o de fuerza mayor; robo en cuadrilla y a mano armada. Dichas condiciones pueden ampliarse incluyendo el robo y los daños durante las operaciones de carga y descarga de mercancías. Si la empresa porteadora libra carta de porte que no la exonere de responsabilidad, la póliza también cubre el maltrato en operaciones de carga o descarga, las sustracciones parciales y los hurtos con rotura de envase, estando las expediciones en poder de la empresa porteadora. Todo esto con una cobertura mínima de vuelco, choque e incendio, ya que la empresa porteadora debe asumir su responsabilidad de conformidad con los convenios y normas que le afectan, es decir, el Convenio CMR y la LOTT.

– Ferrocarril
  Dispone de las mismas condiciones de coberturas básicas que el camión, pero pueden ser ampliadas mediante clausulados. La cobertura básica puede ampliarse con las siguientes garantías: robo, faltas parciales por sustracción o hurto, roturas de mercancías y derrames de líquidos.

• **Medio aéreo**
  Esta póliza cubre la pérdida total; los daños materiales motivados por caída, voltereta, choque, incendio y, en general, cualquier otro accidente fortuito que sufra el aparato aeronáutico en el que se transportan las mercancías. Estas pólizas suelen ampliarse incluyendo las coberturas de robo o hurto parcial del contenido, siempre y cuando la mercancía afectada presente señales externas de fractura.

La ampliación de coberturas en las condiciones generales de la póliza española se efectúa generalmente utilizando como condiciones especiales las cláusulas del ICC. Si conviene, se indica que se entiende derogada la cláusula que dice «este seguro está sujeto a las leyes y prácticas inglesas»[1], y así, en consecuencia, el contrato queda sometido a la ley, a los usos y costumbres y a la jurisdicción española.

---

[1] Traducción del original en inglés: *«this insurance is subjet to english law and practice»*.

10 Obligaciones de las partes

Para respetar el contrato del seguro, cada una de las partes que lo suscriben debe cumplir una serie de obligaciones:

- **Emisión de póliza**

  El asegurador está obligado a entregar al tomador la póliza, o el documento o certificado provisional de cobertura. Antes de que estos documentos sean entregados, el contrato puede ser probado por cualquier medio que demuestre la aceptación de la cobertura por el asegurador.

- **Declaración de riesgo**

  El tomador del seguro, antes de la conclusión del contrato, deberá declarar al asegurador todas las circunstancias que conozca (o que razonablemente deba conocer) que puedan influir sensiblemente en la apreciación del riesgo por un asegurador prudente. Si el contrato se celebrase por cuenta de otra persona, el deber de declaración se extenderá a las circunstancias conocidas o debidas de conocer por esta.

- **Pago de prima**

  El tomador del seguro está obligado al pago de la prima en las condiciones estipuladas en la póliza o en el certificado.

- **Comunicación del siniestro**

  El asegurado o el tomador del seguro deberán comunicar el siniestro al asegurador o al comisario de averías designado en la póliza en el plazo de siete días, contados a partir del momento en que lo conozcan.

- **Deber de evitar o aminorar el daño**

  El tomador del seguro o el asegurado y sus dependientes deben emplear todas las medidas razonables a su alcance para salvar o recobrar las mercancías aseguradas y, en general, para evitar o disminuir el daño producido a consecuencia del siniestro.

- **Obligación de indemnizar**

  En caso de siniestro cubierto por el contrato de seguro, el asegurador está obligado a indemnizar al asegurado en las condiciones estipuladas en la póliza.

- **Daños y perjuicios excluidos**

  No son indemnizables los daños colaterales al siniestro tales como retrasos, demoras, paralizaciones, pérdidas de mercado, diferencias de cambio, lucro cesante y, en general, cualquier daño indirecto, salvo los expresamente incluidos en la propia ley.

- **Prescripción de acciones**

  Los derechos derivados del contrato de seguro prescriben en el plazo de dos años a partir del momento en que pudieron ejercitarse.

- **Intermodalidad**

  Las normas reguladoras del seguro de mercancías se aplicarán tanto al transporte marítimo como a aquellas fases del transporte realizado por otros modos, siempre que sean accesorias del viaje marítimo.

- **Valoración del interés indemnizable**

  Con sujeción a lo pactado por las partes, el valor asegurable de las mercancías se fijará teniendo en cuenta su valor de origen y el de los gastos de su transporte y aduana, que podrá incrementarse en un 10 % respecto al beneficio que se esperaba obtener por la venta de las mercancías. Ese beneficio puede ser mayor pero requiere que conste expresamente en la póliza para que sea indemnizable.

11 Niveles de pólizas del Institute Cargo Clauses

Por su parte, las pólizas ICC, cuya versión al español se presenta en las figuras 8.1 a 8.5, se agrupan en tres niveles:

- **ICC de nivel A**

  De amplia cobertura, equivale a un «todo riesgo». Esta póliza cubre todos los riesgos posibles menos los incluidos en la cláusula de excepciones. Algunos de estos riesgos excluidos son: conducta dolosa del asegurado, pérdidas, derrames, demoras, vicio propio o naturaleza intrínseca de la mercancía, defecto de navegabilidad, guerras, huelgas, terrorismo, operaciones de carga o descarga (siempre que se exprese correctamente en la definición del «objeto de cobertura») (véase la figura 8.1).

- **ICC de nivel B**

  En este tipo de póliza se especifican y se cubren riesgos como: incendio o explosión; hundimiento, varada y embarrancada del buque porteador; vuelco o descarrilamiento del medio terrestre; abordaje; descarga de mercancías en puertos de arribada; terremoto, erupciones volcánicas o rayo; echazón o arrastre por las olas; mojadura; pérdida total de bultos en operaciones de carga o descarga (siempre que se exprese correctamente en la definición del «objeto de cobertura»)[2] (véase la figura 8.2).

- **ICC de nivel C:**
  Esta póliza equivale a las condiciones generales de la póliza española, extendiendo su entrega en el almacén del receptor o hasta un período de 60 días después de la descarga, lo que ocurra primero. Los riesgos cubiertos son los mismos que para la ICC de nivel B, excepto por el riesgo de entrada de agua en la bodega del buque. Asimismo, tampoco cubre los daños producidos a la mercancía durante las operaciones de carga y descarga. Los riesgos excluidos son exactamente los mismos que para la de nivel B y los anteriormente mencionados (véase la figura 8.3).

Existen otras pólizas inglesas que se emplean para complementar a las españolas. Algunas de ellas son:

- *Institute strikes clauses:* para riesgos de huelga y terrorismo (véase la figura 8.4).
- *Institute war clauses (cargo):* para cobertura de riesgos de guerra (véase la figura 8.5).
- *Institute coal clauses:* para el transporte de carbón.
- *Institute frozen meat clauses:* para carne congelada.
- *Institute frozen food clauses* de nivel A: para alimentos congelados excluyendo la carne congelada.
- *Institute FOSFA trades clauses:* para aceites, semillas y grasas.
- *Institute bull oil clauses:* para hidrocarburos a granel.
- *Institute classification clause:* para la clasificación de buques.

12 Otros elementos del seguro en la Ley de Navegación Marítima

La normativa permite que las partes establezcan cláusulas que se establezcan de común acuerdo, de modo que la primera fuente de obligaciones y derechos será el propio clausulado de la póliza. Sin embargo, la ley prevé un contenido del contrato donde

---

[2] Los riesgos excluidos en este nivel (B) son similares a los de la ICC (A), con los añadidos del daño o destrucción deliberada del objeto asegurado por el acto voluntario de cualquier persona.

(PARA SER UTILIZADAS SOLAMENTE CON EL NUEVO MODELO DE PÓLIZA MARÍTIMA)

INSTITUTE CARGO CLAUSES (A)
Cláusulas del Instituto para mercancías (A)

RIESGOS CUBIERTOS
Cláusula de riesgos
1. Este seguro cubre todos los riesgos de pérdidas o daños al objeto asegurado, exceptuando lo dispuesto en las cláusulas 4, 5, 6 y 7 abajo citadas.

Cláusula de Avería Gruesa
2. Este seguro cubre la avería gruesa y los gastos de salvamento, ajustados o determinados de acuerdo con el contrato de fletamento y/o la ley y práctica aplicables, en que se haya incurrido para evitar, o tratar de evitar, un daño por cualquier causa excepto las excluidas por las cláusulas 4, 5, 6 y 7 o en cualquier otro lugar de este seguro.

Cláusula «Ambos culpables de abordaje»
3. Este seguro indemnizará también al Asegurado frente a tal proporción de responsabilidad, bajo la cláusula «Ambos culpables del abordaje» del contrato de fletamento como le corresponda respecto a una pérdida recuperable en virtud de la presente. En caso de cualquier reclamación de los Armadores bajo la citada cláusula, el Asegurado conviene en notificarla a los Aseguradores, quienes tendrán derecho a su propia costa y gasto, a defender al Asegurado contra tal reclamación.

EXCLUSIONES
Cláusula de exclusiones generales
4. En ningún caso este seguro cubrirá:
4.1. Pérdida, daño o gasto atribuibles a una conducta dolosa del Asegurado.
4.2. Derrames usuales, pérdidas naturales de peso o volumen, o uso y desgaste normales del objeto asegurado.
4.3. Pérdida, daño o gastos causados por insuficiencia o inapropiado embalaje o preparación de objeto asegurado (a efectos de esta cláusula 4.3 «Embalaje» se entenderá que incluye la estiba en un contenedor o plataforma, pero solamente cuando dicha estiba se lleve a cabo con anterioridad al inicio de esta cobertura o por el asegurado o sus dependientes).
4.4. Pérdida, daño o gastos causados por vicio propio o naturaleza del objeto asegurado.
4.5. Pérdida, daño o gastos causados directamente por demora, aún cuando la misma sea causada por un riesgo asegurado (excepto los gastos que deban pagarse de acuerdo con la anterior cláusula 2).
4.6. Pérdida, daño o gastos surgidos de insolvencia o incumplimientos financieros de los propietarios, administradores, fletadores u operadores del buque.
4.7. Pérdida, daño o gastos que surjan del uso de cualquier arma de guerra en la cual se emplee fisión y/o fusión atómica o nuclear, u otra parecida reacción o fuerza o materia radioactiva.

Cláusula de exclusión de innavegabilidad y falta de idoneidad
5. 5.1. En ningún caso este seguro cubrirá pérdida, daño o gastos derivados de: innavegabilidad del buque o embarcación, falta de idoneidad del buque, embarcación, vehículo, contenedor o plataforma para el transporte con seguridad del objeto asegurado, cuando el Asegurado o sus dependientes conozcan tal falta de navegabilidad o idoneidad en el momento de la carga del objeto asegurado.
5.2. Los Aseguradores renuncian a los derechos que tengan por el quebrantamiento de las garantías implícitas de navegabilidad e idoneidad del buque, para transportar el objeto asegurado a su destino, a menos que el Asegurado o sus dependientes conozcan esa innavegabilidad o falta de idoneidad.

Cláusula de exclusión de guerra
6. En ningún caso este seguro cubrirá pérdida, daño o gastos causados por:
6.1. Guerra, guerra civil, revolución, rebelión, insurrección o contienda civil que provenga de esos hechos, o cualquier acto hostil por o contra un poder beligerante.
6.2. Captura, incautación, embargo preventivo, restricción o detención (excepto piratería), y las consecuencias de los mismos o de su tentativa.
6.3. Minas, torpedos, bombas u otras armas de guerra abandonadas.

Cláusula de exclusión Huelgas
7. En ningún caso este seguro cubrirá pérdida, daño o gastos:

Continúa

Continuación

7.1. causados por huelguistas, trabajadores afectados por cierre patronal, o personas que tomen parte en disturbios laborales, motines o tumultos populares.
7.2. resultantes de huelgas, lock-outs, disturbios laborales, motines o desórdenes civiles.
7.3. causados por cualquier terrorista, o por cualquier persona que actúe por motivos políticos.

DURACIÓN
Cláusula de tránsito
8. 8.1. Este seguro toma efecto desde el momento en que las mercancías dejan el almacén, o sitio de almacenaje en el lugar aquí designado para el comienzo del viaje, continúa durante el curso ordinario del mismo y termina
8.1.1. a la entrega en el almacén de los consignatarios u otro final o lugar de almacenaje en el destino aquí citado,
8.1.2. a la entrega en cualquier otro almacén o lugar de almacenaje, ya sea anterior o en el destino aquí citado, que el Asegurado decida utilizar bien
8.1.2.1. para almacenaje distinto del curso ordinario del viaje,
8.1.2.2. para asignación o distribución, o
8.1.3. a la expiración de 60 días después de finalizar la descarga de las mercancías aquí aseguradas al costado del buque transoceánico en el puerto final de descarga, lo que en primer lugar suceda.
8.2. Si después de la descarga al costado del buque transoceánico en el puerto final de descarga, pero antes de la terminación de este seguro, las mercancías han de ser reexpedidas a un lugar de destino distinto de aquel para el que fueron aseguradas por la presente, este seguro, mientras permanezca sujeto a terminación tal como se establece anteriormente, no se extenderá después del comienzo del viaje a ese otro destino.
8.3. Este seguro permanecerá en vigor (sujeto a la terminación tal como se establece anteriormente y a las estipulaciones de la cláusula 9 siguiente) durante la demora fuera del control del Asegurado, cualquier desviación, descarga forzosa, reembarque o transbordo y durante cualquier variación de la aventura que provenga de ejercicio de una facultad concedida a los armadores o fletadores por el contrato de fletamento.

Cláusula de terminación del contrato de transporte
9. Si debido a circunstancias fuera del control del Asegurado, el contrato de transporte terminase en un puerto o lugar que no fuera el de destino designado en él, o el viaje finalice de otra forma antes de la entrega de las mercancías como se estipula en la cláusula 8 anterior, este seguro también terminará, a menos que se dé pronto aviso a los Aseguradores y se requiera la continuación de la cobertura, en cuyo caso, sujeto a una prima adicional si así se requiere por los Aseguradores, el seguro continuará en vigor:
9.1. hasta que las mercancías sean vendidas y entregadas en tal puerto o lugar, o a menos que se convenga especialmente otra cosa, hasta la expiración de 60 días después de la llegada de las mercancías aquí aseguradas a tal puerto o lugar, lo que primeramente ocurra, o
9.2. si las mercancías son reexpedidas dentro del citado período de 60 días (o de cualquier prolongación del mismo que se convenga) al destino designado aquí o a cualquier otro, hasta que se termine de conformidad con las estipulaciones de la anterior cláusula n° 8.

Cláusula de cambio de viaje
10. Cuando después de la entrada en vigor de este seguro, el lugar de destino es cambiado por el Asegurado, se mantendrá cubierto mediante prima y condiciones a convenir supeditado a que se dé aviso inmediato a los Aseguradores.

RECLAMACIONES
Cláusula de interés asegurable
11. 11.1. Para ser indemnizado, en virtud de este seguro, el Asegurado debe tener un interés asegurable en el objeto asegurado en el momento del siniestro.
11.2. Supeditado a la cláusula 11.1, el Asegurado tendrá derecho a ser indemnizado por un daño cubierto ocurrido durante el período de cobertura de este seguro, aunque el daño se hubiera producido antes de que el contrato de seguro se haya formalizado, a menos que el Asegurado tuviera conocimiento del daño y los Aseguradores no.

Cláusula de gastos de reexpedición
12. Cuando, como resultado de la acción de un riesgo cubierto por este seguro, el viaje asegurado se termina en un puerto o lugar distinto al que fue asegurado el objeto por este seguro, los Aseguradores reembolsarán al Asegurado cualquier gasto extraordinario en que adecuada y razonablemente se haya incurrido durante la descarga,

Continúa

Continuación

almacenaje y reexpedición del objeto asegurado al destino aquí asegurado. Esta cláusula 12, que no es de aplicación a la Avería Gruesa ni a los Gastos de Salvamento, estará supeditada a las exclusiones contenidas en las cláusulas anteriores 4, 5, 6 y 7, y no incluirá los gastos que surjan de culpa, negligencia, insolvencia o incumplimiento financiero del Asegurado o de sus dependientes. Cláusula de pérdida total constructiva

13. Ninguna reclamación por pérdida total constructiva será recuperable por la presente a menos que el objeto asegurado sea razonablemente abandonado, bien porque su pérdida real total aparezca como inevitable o porque el coste de recuperar, reacondicionar y reexpedir el objeto al destino al que está asegurado, excediera de su valor a la llegada. Cláusula de incremento de valor

14. 14.1. Si por parte del Asegurado se hace cualquier otro seguro que aumente el valor de las mercancías aseguradas por la presente, el valor acordado de las mismas se entenderá incrementando a la suma total asegurada por este seguro y a todos los seguros sobre incrementos de valor asegurado que cubran el daño, y la responsabilidad por este seguro estará en proporción a la suma asegurada por la presente y a la mencionada cantidad total asegurada. En el caso de reclamación, el Asegurado deberá aportar prueba a los Aseguradores de las cantidades aseguradas por todos los demás seguros.

14.2. Cuando este seguro sea sobre incremento de valor se aplicará la siguiente cláusula: El valor convenido de las mercancías se entenderá que es igual a la cantidad total asegurada en el seguro inicial y todos los seguros de incremento de valor que cubran el daño y se hayan efectuado por el Asegurado sobre las mercancías, y la responsabilidad por este seguro, estará en proporción a la suma asegurada por la presente y a la mencionada cantidad total asegurada.

En el caso de reclamación, el Asegurado deberá aportar prueba a los Aseguradores de las cantidades aseguradas por todos los demás seguros.

BENEFICIO DEL SEGURO
Cláusula de no efecto
15. Este seguro no surtirá efecto en beneficio del transportista u otro depositario.

AMINORACIÓN DE DAÑOS
Cláusula de obligaciones del Asegurado
16. Es obligación del Asegurado y sus dependientes y Agentes respecto a un daño recobrable por la presente
16.1. adoptar aquellas medidas que puedan considerarse razonables con el fin de evitar o disminuir tales daños, y
16.2. asegurarse de que todos los derechos contra transportistas, depositarios y otras terceras partes sean adecuadamente reservados y ejercitados. y los Aseguradores reembolsarán al Asegurado, además de cualquier daño recobrable por la presente, cualquier gasto en que razonable y adecuadamente hayan incurrido en virtud de tales obligaciones.

Cláusula de renuncia
17. Las medidas tomadas por el Asegurado o los Aseguradores con el objeto de salvar, proteger o recuperar el objeto asegurado no serán consideradas como una renuncia o aceptación de abandono, ni perjudicarán de otra forma los derechos de cualquiera de las partes.

EVITACIÓN DE DEMORAS
Cláusula de diligencia razonable
18. Es condición de este seguro que el Asegurado actuará con razonable diligencia en todas las circunstancias que estén dentro de su control.

LEY Y PRÁCTICA
Cláusula de Ley y Práctica Inglesas
19. Este seguro está sometido a la Ley y Práctica Inglesas.

En, a

El tomador del seguro

Figura 8.1. Cláusulas del Instituto para mercancías, modalidad A.

(PARA SER UTILIZADAS CON LOS NUEVOS MODELOS DE PÓLIZAS MARÍTIMAS)

INSTITUTE CARGO CLAUSES (B)
Cláusulas del Instituto para mercancías (B)

RIESGOS CUBIERTOS
Cláusula de riesgos
1. Este seguro cubre, excepto lo dispuesto en las cláusulas 4, 5, 6 y 7 que siguen:
1.1. pérdida o daño al objeto asegurado razonablemente atribuibles a:
1.1.1. incendio o explosión
1.1.2. varada, embarrancada, hundimiento o naufragio del buque o embarcación
1.1.3. vuelco o descarrilamiento del vehículo de transporte terrestre
1.1.4. colisión o contacto del buque, embarcación o vehículo con cualquier objeto externo distinto del agua
1.1.5. descarga de la mercancía en un puerto de refugio
1.1.6. terremoto, erupción volcánica o rayos.
1.2. pérdida o daño al objeto asegurado causados por:
1.2.1. sacrificio de avería gruesa
1.2.2. echazón o arrastre por las olas
1.2.3. entrada de agua de mar, lago o río en el buque, embarcación, bodega, vehículo, contenedor, plataforma o lugar de almacenaje.
1.3. pérdida total de cualquier bulto caído por la borda durante la carga o descarga del buque o embarcación.

Cláusula de Avería Gruesa
2. Este seguro cubre la avería gruesa y los gastos de salvamento, ajustados o determinados de acuerdo con el contrato de fletamento y/o la Ley y Práctica aplicables, en que se haya incurrido para evitar, o tratar de evitar, un daño por cualquier causa excepto las excluidas por las cláusulas 4, 5, 6 y 7 o en cualquier otro lugar de este seguro. Cláusula «Ambos culpables del abordaje»

3. Este seguro indemnizará también al Asegurado frente a tal proporción de responsabilidad, bajo la cláusula «Ambos culpables del abordaje» del contrato de fletamento como le corresponda respecto a una pérdida recuperable en virtud de la presente. En caso de cualquier reclamación de los Armadores bajo la citada cláusula,

el Asegurado conviene en notificarla a los Aseguradores, quienes tendrán derecho a su propia costa y gasto, a defender al Asegurado contra tal reclamación.

EXCLUSIONES
Cláusula de exclusiones generales
4. En ningún caso este seguro cubrirá:
4.1. Pérdida, daño o gasto atribuibles a una conducta dolosa del Asegurado.
4.2. Derrames usuales, pérdidas naturales de peso o volumen, o uso y desgaste normales del objeto asegurado.
4.3. Pérdida, daño o gastos causados por insuficiencia o inapropiado embalaje o preparación de objeto asegurado (a efectos de esta cláusula 4.3 «Embalaje» se entenderá que incluye la estiba en un contenedor o plataforma, bien por parte del Aseegurado o de sus dependientes, pero solamente cuando tal estiba se realice antes de la entrada en vigor de este seguro).
4.4. Pérdida, daño o gastos causados por vicio propio o naturaleza del objeto asegurado.
4.5. Pérdida, daño o gastos causados directamente por demora, aún cuando la misma sea causada por un riesgo asegurado (excepto los gastos que deban pagarse de acuerdo con la anterior cláusula 2).
4.6. Pérdida, daño o gastos surgidos de insolvencia o incumplimientos financieros de los propietarios, administradores, fletadores u operadores del buque.
4.7. Daño o destrucción deliberada del objeto asegurado o de cualquier parte del mismo por un acto ilícito o de cualquier persona o personas.
4.8. Pérdida, daño o gastos que surjan del uso de cualquier arma de guerra en la cual se emplee fisión y/o fusión atómica o nuclear, u otra parecida reacción o fuerza o materia radioactiva.

Cláusula de exclusión de innavegabilidad y falta de idoneidad
5. 5.1. En ningún caso este seguro cubrirá pérdida, daño o gastos derivados de:
innavegabilidad del buque o embarcación, falta

Continúa

Continuación

de idoneidad del buque, embarcación, vehículo, contenedor o plataforma para el transporte con seguridad del objeto asegurado, cuando el Asegurado o sus dependientes conozcan tal falta de navegabilidad o idoneidad en el momento de la carga del objeto asegurado.

5.2. Los Aseguradores renuncian a los derechos que tengan por el quebrantamiento de las garantías implícitas de navegabilidad e idoneidad del buque, para transportar el objeto asegurado a su destino, a menos que el Asegurado o sus dependientes conozcan esa innavegabilidad o falta de idoneidad.

Cláusula de exclusión de guerra

6. En ningún caso este seguro cubrirá pérdida, daño o gastos causados por:

6.1. Guerra, guerra civil, revolución, rebelión, insurrección o contienda civil que provenga de esos hechos, o cualquier acto hostil por o contra un poder beligerante.

6.2. Captura, incautación, embargo preventivo, restricción o detención, y las consecuencias de los mismos o de su tentativa.

6.3. Minas, torpedos, bombas u otras armas de guerra abandonadas.

Cláusula de exclusión de huelgas

7. En ningún caso este seguro cubrirá pérdida, daño o gastos:

7.1. causados por huelguistas, trabajadores afectados por cierre patronal, o personas que tomen parte en disturbios laborales, motines o tumultos populares.

7.2. resultantes de huelgas, lock-outs, disturbios laborales, motines o desórdenes civiles.

7.3. causados por cualquier terrorista, o por cualquier persona que actúe por motivos políticos.

DURACIÓN

Cláusula de tránsito

8. 8.1. Este seguro toma efecto desde el momento en que las mercancías dejan el almacén, o sitio de almacenaje en el lugar aquí designado para el comienzo del viaje, continúa durante el curso ordinario del mismo y termina o

8.1.1. a la entrega en el almacén de los consignatarios u otro final o lugar de almacenaje en el destino aquí citado,

8.1.2. a la entrega en cualquier otro almacén o lugar de almacenaje, ya sea anterior o en el destino aquí citado, que el Asegurado decida utilizar, bien

8.1.2.1. para almacenaje distinto del curso ordinario del viaje,

8.1.2.2. para asignación o distribución, o

8.1.3. a la expiración de 60 días después de finalizar la descarga de las mercancías aquí aseguradas al costado del buque transoceánico en el puerto final de descarga, lo que en primer lugar suceda.

8.2. Si después de la descarga al costado del buque transoceánico en el puerto final de descarga, pero antes de la terminación de este seguro, las mercancías han de ser reexpedidas a un lugar de destino distinto de aquel para el que fueron aseguradas por la presente, este seguro, mientras permanezca sujeto a terminación tal como se establece anteriormente, no se extenderá después del comienzo del viaje a ese otro destino.

8.3. Este seguro permanecerá en vigor (sujeto a la terminación tal como se establece anteriormente y a las estipulaciones de la cláusula 9 siguiente) durante la demora fuera del control del Asegurado, cualquier desviación, descarga forzosa, reembarque o transbordo y durante cualquier variación de la aventura que provenga de ejercicio de una facultad concedida a los armadores o fletadores por el contrato de fletamento.

Cláusula de terminación del contrato de transporte

9. Si debido a circunstancias fuera del control del Asegurado, el contrato de transporte terminase en un puerto o lugar que no fuera el de destino designado en él, o el viaje finalice de otra forma antes de la entrega de las mercancías como se estipula en la cláusula 8 anterior, este seguro también terminará, a menos que se dé pronto aviso a los Aseguradores y se requiera la continuación de la cobertura, en cuyo caso, sujeto a una prima adicional si así se requiere por los Aseguradores, el seguro continuará en vigor:

9.1. hasta que las mercancías sean vendidas y entregadas en tal puerto o lugar, o a menos que se convenga especialmente otra cosa, hasta la expiración de 60 días después de la llegada de las mercancías aquí aseguradas a tal puerto o lugar, lo que primeramente ocurra, o

9.2. si las mercancías son reexpedidas dentro del citado período de 60 días (o de cualquier

Continúa

Continuación

prolongación del mismo que se convenga) al destino designado aquí o a cualquier otro, hasta que se termine de conformidad con las estipulaciones de la anterior cláusula nº 8).

Cláusula de cambio de viaje
10. Cuando después de la entrada en vigor de este seguro, el lugar de destino es cambiado por el Asegurado, se mantendrá cubierto mediante prima y condiciones a convenir supeditado a que se dé aviso inmediato a los Aseguradores.

RECLAMACIONES
Cláusula de interés asegurable
11. 11.1. Para ser indemnizado, en virtud de este seguro, el Asegurado debe tener un interés asegurable en el objeto asegurado en el momento del siniestro.
11.2. Supeditado a la cláusula 11.1, el Asegurado tendrá derecho a ser indemnizado por un daño cubierto ocurrido durante el período de cobertura de este seguro, aunque el daño se hubiera producido antes de que el contrato de seguro se haya formalizado, a menos que el Asegurado tuviera conocimiento del daño y los Aseguradores no.

Cláusula de gastos de reexpedición
12. Cuando, como resultado de la acción de un riesgo cubierto por este seguro, el viaje asegurado se termina en un puerto o lugar distinto al que fue asegurado el objeto por este seguro, los Aseguradores reembolsarán al Asegurado cualquier gasto extraordinario en que adecuada y razonablemente se haya incurrido durante la descarga, almacenaje y reexpedición del objeto asegurado al destino aquí asegurado.
Esta cláusula 12, que no es de aplicación a la Avería Gruesa ni a los Gastos de Salvamento, estará supeditada a las exclusiones contenidas en las cláusulas anteriores 4, 5, 6 y 7, y no incluirá los gastos que surjan de culpa, negligencia, insolvencia o incumplimiento financiero del Asegurado o de sus dependientes.

Cláusula de pérdida total constructiva
13. Ninguna reclamación por pérdida total constructiva será recuperable por la presente a menos que el objeto asegurado sea razonablemente abandonado, bien porque su pérdida real total aparezca como inevitable o porque

el coste de recuperar, reacondicionar y reexpedir el objeto al destino al que está asegurado, excediera de su valor a la llegada. Cláusula de incremento de valor

14. 14.1. Si por parte del Asegurado se hace cualquier otro seguro que aumente el valor de las mercancías aseguradas por la presente, el valor acordado de las mismas se entenderá incrementando a la suma total asegurada por este seguro y a todos los seguros sobre incrementos de valor asegurado que cubran el daño, y la responsabilidad por este seguro estará en proporción a la suma asegurada por la presente y a la mencionada cantidad total asegurada.
En el caso de reclamación, el Asegurado deberá aportar prueba a los Aseguradores de las cantidades aseguradas por todos los demás seguros.
14.2. Cuando este seguro sea sobre incremento de valor se aplicará la siguiente cláusula: El valor convenido de las mercancías se entenderá que es igual a la cantidad total asegurada en el seguro inicial y todos los seguros de incremento de valor que cubran el daño y se hayan efectuado por el Asegurado sobre las mercancías, y la responsabilidad por este seguro, estará en proporción a la suma asegurada por la presente y a la mencionada cantidad total asegurada.
En el caso de reclamación, el Asegurado deberá aportar prueba a los Aseguradores de las cantidades aseguradas por todos los demás seguros.

BENEFICIO DEL SEGURO
Cláusula de no efecto
15. Este seguro no surtirá efecto en beneficio del transportista u otro depositario.

AMINORACIÓN DE DAÑOS
Cláusula de obligaciones del Asegurado
16. Es obligación del Asegurado y sus dependientes y Agentes respecto a un daño recobrable por la presente
16.1. adoptar aquellas medidas que puedan considerarse razonables con el fin de evitar o disminuir tales daños, y
16.2. asegurarse de que todos los derechos contra transportistas, depositarios u otras terceras partes sean adecuadamente reservados y ejercitados y los Aseguradores reembolsarán al Asegurado, además de cualquier daño recobrable por la presente, cualquier gasto en que razona-

Continúa

Continuación

ble y adecuadamente hayan incurrido en virtud de tales obligaciones.

Cláusula de renuncia
17. Las medidas tomadas por el Asegurado o los Aseguradores con el objeto de salvar, proteger o recuperar el objeto asegurado no serán consideradas como una renuncia o aceptación de abandono, ni perjudicarán de otra forma los derechos de cualquiera de las partes.

En, a

El tomador del seguro

EVITACIÓN DE DEMORAS
Cláusula de diligencia razonable
18. Es condición de este seguro que el Asegurado actuará con razonable diligencia en todas las circunstancias que estén dentro de su control.

LEY Y PRÁCTICA
Cláusula de Ley y Práctica Inglesas.
19. Este seguro está sometido a la Ley y Práctica Inglesas.

NOTA: Es necesario que el Asegurado curse a los Aseguradores aviso inmediato cuando tenga conocimiento de un hecho que pueda «estar cubierto» bajo esta póliza y su derecho a tal cobertura se subordina al cumplimiento de esta obligación.

Figura 8.2. Cláusulas del Instituto para mercancías, modalidad B.

(PARA SER UTILIZADAS CON LOS NUEVOS MODELOS DE PÓLIZAS MARÍTIMAS)

INSTITUTE CARGO CLAUSES (C)
Cláusulas del Instituto para mercancías (C)

RIESGOS CUBIERTOS
Cláusula de riesgos
1. Este seguro cubre, excepto lo dispuesto en las cláusulas 4, 5, 6 y 7 que siguen:
1.1. pérdida o daño al objeto asegurado razonablemente atribuibles a:
1.1.1. incendio o explosión
1.1.2. varada, embarrancada, hundimiento o naufragio del buque o embarcación
1.1.3. vuelco o descarrilamiento del vehículo de transporte terrestre
1.1.4. colisión o contacto del buque, embarcación o vehículo con cualquier objeto externo distinto del agua
1.1.5. descarga de la mercancía en un puerto de refugio
1.2. pérdida o daño al objeto asegurado causados por:
1.2.1. sacrificio de avería gruesa
1.2.2. echazón.

Cláusula de Avería Gruesa
2. Este seguro cubre la avería gruesa y los gastos de salvamento, ajustados o determinados de acuerdo con el contrato de fletamento y/o la Ley y Práctica aplicables, en que se haya incurrido para evitar, o tratar de evitar, un daño por cualquier causa excepto las excluidas por las cláusulas 4, 5, 6 y 7 o en cualquier otro lugar de este seguro.

Cláusula «Ambos culpables del abordaje»
3. Este seguro indemnizará también al Asegurado frente a tal proporción de responsabilidad, bajo la cláusula «Ambos culpables del abordaje» del contrato de fletamento como le corresponda respecto a una pérdida recuperable en virtud de la presente. En caso de cualquier reclamación de los Armadores bajo la citada cláusula, el Asegurado conviene en notificarla a los Aseguradores, quienes tendrán derecho a su propia costa y gasto, a defender al Asegurado contra tal reclamación.

EXCLUSIONES
Cláusula de exclusiones generales
4. En ningún caso este seguro cubrirá:

4.1. Pérdida, daño o gasto atribuibles a una conducta dolosa del Asegurado.
4.2. Derrames usuales, pérdidas naturales de peso o volumen, o uso y desgaste normales del objeto asegurado.
4.3. Pérdida, daño o gastos causados por insuficiencia o inapropiado embalaje o preparación de objeto asegurado (a efectos de esta cláusula 4.3 «Embalaje» se entenderá que incluye la estiba en un contenedor o plataforma, bien por parte del Aseegurado o de sus dependientes, pero solamente cuando dicha estiba se realice antes de la entrada en vigor de este seguro).
4.4. Pérdida, daño o gastos causados por vicio propio o naturaleza del objeto asegurado.
4.5. Pérdida, daño o gastos causados directamente por demora, aún cuando la misma sea causada por un riesgo asegurado (excepto los gastos que deban pagarse de acuerdo con la anterior cláusula 2).
4.6. Pérdida, daño o gastos surgidos de insolvencia o incumplimientos financieros de los propietarios, administradores, fletadores u operadores del buque.
4.7. Daño o destrucción deliberada del objeto asegurado o de cualquier parte del mismo por un acto ilícito o de cualquier persona o personas.
4.8. Pérdida, daño o gastos que surjan del uso de cualquier arma de guerra en la cual se emplee fisión y/o fusión atómica o nuclear, u otra parecida reacción o fuerza o materia radioactiva.

Cláusula de exclusión de innavegabilidad y falta de idoneidad
5. 5.1. En ningún caso este seguro cubrirá pérdida, daño o gastos derivados de:
innavegabilidad del buque o embarcación,
falta de idoneidad del buque, embarcación, vehículo, contenedor o plataforma para el transporte con seguridad del objeto asegurado,
cuando el Asegurado o sus dependientes conozcan tal falta de navegabilidad o idoneidad en el momento de la carga del objeto asegurado.

Continúa

Continuación

5.2. Los Aseguradores renuncian a los derechos que tengan por el quebrantamiento de las garantías implícitas de navegabilidad e idoneidad del buque, para transportar el objeto asegurado a su destino, a menos que el Asegurado o sus dependientes conozcan esa innavegabilidad o falta de idoneidad.

Cláusula de exclusión de guerra
6. En ningún caso este seguro cubrirá pérdida, daño o gastos causados por:
6.1. Guerra, guerra civil, revolución, rebelión, insurrección o contienda civil que provenga de esos hechos, o cualquier acto hostil por o contra un poder beligerante.
6.2. Captura, incautación, embargo preventivo, restricción o detención, y las consecuencias de los mismos o de su tentativa.
6.3. Minas, torpedos, bombas u otras armas de guerra abandonadas.

Cláusula de exclusión de huelgas
7. En ningún caso este seguro cubrirá pérdida, daño o gastos:
7.1. causados por huelguistas, trabajadores afectados por cierre patronal, o personas que tomen parte en disturbios laborales, motines o tumultos populares,
7.2. resultantes de huelgas, lock-outs, disturbios laborales, motines o desórdenes civiles,
7.3. causados por cualquier terrorista, o por cualquier persona que actúe por motivos políticos.

DURACIÓN
Cláusula de tránsito
8. 8.1. Este seguro toma efecto desde el momento en que las mercancías dejan el almacén, o sitio de almacenaje en el lugar aquí designado para el comienzo del viaje, continúa durante el curso ordinario del mismo y termina o
8.1.1. a la entrega en el almacén de los consignatarios u otro final o lugar de almacenaje, ya sea anterior o en el destino aquí citado,
8.1.2. a la entrega en cualquier otro almacén o lugar de almacenaje, ya sea anterior o en el destino aquí citado, que el Asegurado decida utilizar, bien
8.1.2.1. para almacenaje distinto del curso ordinario del viaje,
8.1.2.2. para asignación o distribución, o

8.1.3. a la expiración de 60 días después de finalizar la descarga de las mercancías aquí aseguradas al costado del buque transoceánico en el puerto final de descarga, lo que en primer lugar suceda.
8.2. Si después de la descarga al costado del buque transoceánico en el puerto final de descarga, pero antes de la terminación de este seguro, las mercancías han de ser reexpedidas a un lugar de destino distinto de aquel para el que fueron aseguradas por la presente, este seguro, mientras permanezca sujeto a terminación tal como se establece anteriormente, no se extenderá después del comienzo del viaje a ese otro destino.
8.3. Este seguro permanecerá en vigor (sujeto a la terminación tal como se establece anteriormente y a las estipulaciones de la cláusula 9 siguiente) durante la demora fuera del control del Asegurado, cualquier desviación, descarga forzosa, reembarque o transbordo y durante cualquier variación de la aventura que provenga de ejercicio de una facultad concedida a los armadores o fletadores por el contrato de fletamento.

Cláusula de terminación del contrato de transporte
9. Si debido a circunstancias fuera del control del Asegurado, el contrato de transporte terminase en un puerto o lugar que no fuera el de destino designado en él, o el viaje finalice de otra forma antes de la entrega de las mercancías como se estipula en la cláusula 8 anterior, este seguro también terminará, a menos que se dé pronto aviso a los Aseguradores y se requiera la continuación de la cobertura, en cuyo caso, sujeto a una prima adicional si así se requiere por los Aseguradores, el seguro continuará en vigor:
9.1. hasta que las mercancías sean vendidas y entregadas en tal puerto o lugar, o a menos que se convenga especialmente otra cosa, hasta la expiración de 60 días después de la llegada de las mercancías aquí aseguradas a tal puerto o lugar, lo que primeramente ocurra, o
9.2. si las mercancías son reexpedidas dentro del citado período de 60 días (o de cualquier prolongación del mismo que se convenga) al destino designado aquí o a cualquier otro, hasta que se termine de conformidad con las estipulaciones de la anterior cláusula nº 8).

Continúa

Continuación

Cláusula de cambio de viaje
10. Cuando después de la entrada en vigor de este seguro, el lugar de destino es cambiado por el Asegurado, se mantendrá cubierto mediante prima y condiciones a convenir supeditado a que se dé aviso inmediato a los Aseguradores.

RECLAMACIONES
Cláusula de interés asegurable
11. 11.1. Para ser indemnizado, en virtud de este seguro, el Asegurado debe tener un interés asegurable en el objeto asegurado en el momento del siniestro.
11.2. Supeditado a la cláusula 11.1, el Asegurado tendrá derecho a ser indemnizado por un daño cubierto ocurrido durante el período de cobertura de este seguro, aunque el daño se hubiera producido antes de que el contrato de seguro se haya formalizado, a menos que el Asegurado tuviera conocimiento del daño y los Aseguradores no.

Cláusula de gastos de reexpedición
12. Cuando, como resultado de la acción de un riesgo cubierto por este seguro, el viaje asegurado se termina en un puerto o lugar distinto al que fue asegurado el objeto por este seguro, los Aseguradores reembolsarán al Asegurado cualquier gasto extraordinario en que adecuada y razonablemente se haya incurrido durante la descarga, almacenaje y reexpedición del objeto asegurado al destino aquí asegurado. Esta cláusula 12, que no es de aplicación a la Avería Gruesa ni a los Gastos de Salvamento, estará supeditada a las exclusiones contenidas en las cláusulas anteriores 4, 5, 6 y 7, y no incluirá los gastos que surjan de culpa, negligencia, insolvencia o incumplimiento financiero del Asegurado o de sus dependientes. Cláusula de pérdida total constructiva

13. Ninguna reclamación por pérdida total constructiva será recuperable por la presente a menos que el objeto asegurado sea razonablemente abandonado, bien porque su pérdida real total aparezca como inevitable o porque el coste de recuperar, reacondicionar y reexpedir el objeto al destino al que está asegurado, excediera de su valor a la llegada.

Cláusula de incremento de valor
14. 14.1. Si por parte del Asegurado se hace cualquier otro seguro que aumente el valor de las mercancías aseguradas por la presente, el valor acordado de las mismas se entenderá incrementando a la suma total asegurada por este seguro y a todos los seguros sobre incrementos de valor asegurado que cubran el daño, y la responsabilidad por este seguro estará en proporción a la suma asegurada por la presente y a la mencionada cantidad total asegurada.
En el caso de reclamación, el Asegurado deberá aportar prueba a los Aseguradores de las cantidades aseguradas por todos los demás seguros.
14.2. Cuando este seguro sea sobre incremento de valor se aplicará la siguiente cláusula:
El valor convenido de las mercancías se entenderá que es igual a la cantidad total asegurada en el seguro inicial y todos los seguros de incremento de valor que cubran el daño y se hayan efectuado por el Asegurado sobre las mercancías, y la responsabilidad por este seguro, estará en proporción a la suma asegurada por la presente y a la mencionada cantidad total asegurada.
En el caso de reclamación, el Asegurado deberá aportar prueba a los Aseguradores de las cantidades aseguradas por todos los demás seguros.

BENEFICIO DEL SEGURO
Cláusula de no efecto
15. Este seguro no surtirá efecto en beneficio del transportista u otro depositario.

AMINORACIÓN DE DAÑOS
Cláusula de obligaciones del Asegurado
16. Es obligación del Asegurado y sus dependientes y Agentes respecto a un daño recobrable por la presente
16.1. adoptar aquellas medidas que puedan considerarse razonables con el fin de evitar o disminuir tales daños, y
16.2. asegurarse de que todos los derechos contra transportistas, depositarios u otras terceras partes sean adecuadamente reservados y ejercitados, y los Aseguradores reembolsarán al Asegurado, además de cualquier daño recobrable por la presente, cualquier gasto en que razona-

Continúa

Continuación

ble y adecuadamente hayan incurrido en virtud de tales obligaciones.

Cláusula de renuncia
17. Las medidas tomadas por el Asegurado o los Aseguradores con el objeto de salvar, proteger o recuperar el objeto asegurado no serán consideradas como una renuncia o aceptación de abandono, ni perjudicarán de otra forma los derechos de cualquiera de las partes.

En, a

El tomador del seguro

EVITACIÓN DE DEMORAS
Cláusula de diligencia razonable
18. Es condición de este seguro que el Asegurado actuará con razonable diligencia en todas las circunstancias que estén dentro de su control.

LEY Y PRÁCTICA
Cláusula de Ley y Práctica Inglesas.
19. Este seguro está sometido a la Ley y Práctica Inglesas.

NOTA: Es necesario que el Asegurado curse a los Aseguradores aviso inmediato cuando tenga conocimiento de un hecho que pueda «estar cubierto» bajo esta póliza y su derecho a tal cobertura se subordina al cumplimiento de esta obligación.

Figura 8.3. Cláusulas del Instituto para mercancías, modalidad C.

(PARA SER UTILIZADAS SOLAMENTE CON EL NUEVO MODELO DE PÓLIZA MARÍTIMA)

INSTITUTE STRIKES CLAUSES (CARGO)
Cláusulas del Instituto para huelgas (Mercancías)

RIESGOS CUBIERTOS
Cláusula de riesgos
1. Este seguro cubre, excepto lo dispuesto en las cláusulas 3 y 4 siguientes, perdida o daño al objeto asegurado causados por
1.1. huelguistas, trabajadores afectados por cierre patronal, o personas que tomen parte en disturbios laborales, motines o tumultos populares.
1.2. cualquier terrorista, o por cualquier persona que actúe por motivos políticos.

Cláusula de Avería Gruesa
2. Este seguro cubre la avería gruesa y los gastos de salvamento, ajustados o determinados de acuerdo con el contrato de fletamento y/o la ley y práctica aplicables, en que se haya incurrido para evitar, o tratar de evitar, un daño proveniente de un riesgo cubierto por estas cláusulas.

EXCLUSIONES
Cláusula de exclusiones generales
3. En ningún caso este seguro cubrirá:
3.1. Pérdida, daño o gasto atribuibles a una conducta dolosa del Asegurado.
3.2. Derrames usuales, pérdidas naturales de peso o volumen, o uso y desgaste normales del objeto asegurado.
3.3. Pérdida, daño o gastos causados por insuficiencia o inapropiado embalaje o preparación del objeto asegurado (a efectos de esta cláusula 3.3 «Embalaje» se entenderá que incluye la estiba en un contenedor o plataforma, bien por parte del Asegurado o de sus dependientes, pero solamente cuando tal estiba se realice antes de la entrada en vigor de este seguro.
3.4. Pérdida, daño o gastos causados por vicio propio o naturaleza del objeto asegurado.
3.5. Pérdida, daño o gastos causados directamente por demora, aún cuando la misma sea causada por un riesgo asegurado (excepto los gastos que deban pagarse de acuerdo con la anterior cláusula 2).
3.6. Pérdida, daño o gastos surgidos de insolvencia o incumplimientos financieros de los propietarios, administradores, fletadores u operadores del buque.

3.7. Pérdida, daño o gastos provenientes de la abstención, falta o detención del trabajo de cualquier naturaleza como consecuencia de cualquier huelga, cierre patronal disturbios laborales, motines o tumultos populares.
3.8. Cualquier reclamación basada en la pérdida o frustración del viaje o aventura.
3.9. Pérdida, daño o gastos que surjan del uso de cualquier arma de guerra en la cual se emplee fisión y/o fusión atómica o nuclear, u otra parecida reacción o fuerza o materia radioactiva.
3.10. Pérdida, daño o gastos causados por guerra, guerra civil, revolución, rebelión, insurrección, o contienda civil que provenga de esos hechos o cualquier acto hostil por o contra un poder beligerante.

Cláusula de exclusión de innavegabilidad y falta de idoneidad
4. 4.1. En ningún caso este seguro cubrirá pérdida, daño o gastos derivados de:
innavegabilidad del buque o embarcación,
falta de idoneidad del buque, embarcación, vehículo, contenedor o plataforma para el transporte con seguridad del objeto asegurado,
cuando el Asegurado o sus dependientes conozcan tal falta de navegabilidad o idoneidad en el momento de la carga del objeto asegurado.
4.2. Los Aseguradores renuncian a los derechos que tengan por el quebrantamiento de las garantías implícitas de navegabilidad e idoneidad del buque, para transportar el objeto asegurado a su destino, a menos que el Asegurado o sus dependientes conozcan esa innavegabilidad o falta de idoneidad.

DURACIÓN
Cláusula de tránsito
5. 5.1. Este seguro toma efecto desde el momento en que las mercancías dejan el almacén, o sitio de almacenaje en el lugar aquí designado para el comienzo del viaje, continúa durante el curso ordinario del mismo y termina
5.1.1. a la entrega en el almacén de los consignatarios u otro final o lugar de almacenaje en el destino aquí citado,

Continúa

Continuación

5.1.2. a la entrega en cualquier otro almacén o lugar de almacenaje, ya sea anterior o en el destino aquí citado, que el Asegurado decida utilizar bien

5.1.2.1. para almacenaje distinto del curso ordinario del viaje,

5.1.2.2. para asignación o distribución, o

5.1.3. a la expiración de 60 días después de finalizar la descarga de las mercancías aquí aseguradas al costado del buque transoceánico en el puerto final de descarga, lo que en primer lugar suceda.

5.2. Si después de la descarga al costado del buque transoceánico en el puerto final de descarga, pero antes de la terminación de este seguro, las mercancías han de ser reexpedidas a un lugar de destino distinto de aquel para el que fueron aseguradas por la presente, este seguro, mientras permanezca sujeto a terminación tal como se establece anteriormente, no se extenderá después del comienzo del viaje a ese otro destino.

5.3. Este seguro permanecerá en vigor (sujeto a la terminación tal como se establece anteriormente y a las estipulaciones de la cláusula 6 siguiente) durante la demora fuera del control del Asegurado, cualquier desviación, descarga forzosa, reembarque o transbordo y durante cualquier variación de la aventura que provenga de ejercicio de una facultad concedida a los armadores o fletadores por el contrato de fletamento.

Cláusula de terminación del contrato de transporte

6. Si debido a circunstancias fuera del control del Asegurado, el contrato de transporte terminase en un puerto o lugar que no fuera el de destino designado en él, o el viaje finalice de otra forma antes de la entrega de las mercancías como se estipula en la cláusula 5 anterior, este seguro también terminará, a menos que se dé pronto aviso a los Aseguradores y se requiera la continuación de la cobertura, en cuyo caso, sujeto a una prima adicional si así se requiere por los Aseguradores, el seguro continuará en vigor:

6.1. hasta que las mercancías sean vendidas y entregadas en tal puerto o lugar, o a menos que se convenga especialmente otra cosa, hasta la expiración de 60 días después de la llegada de las mercancías aquí aseguradas a tal puerto o lugar, lo que primeramente ocurra, o

6.2. si las mercancías son reexpedidas dentro del citado periodo de 60 días (o de cualquier prolongación del mismo que se convenga) al destino designado aquí o a cualquier otro, hasta que se termine de conformidad con las estipulaciones de la anterior cláusula nº 5.

7. Cuando después de la entrada en vigor de este seguro, el lugar de destino es cambiado por el Asegurado, se mantendrá cubierto mediante prima y condiciones a convenir supeditado a que se dé aviso inmediato a los Aseguradores.

RECLAMACIONES

Cláusula de cambio de viaje

8. 8.1. Para ser indemnizado, en virtud de este seguro, el Asegurado debe tener un interés asegurable en el objeto asegurado en el momento del siniestro.

Cláusula de interés asegurable

8.2. Supeditado a la cláusula 8.1, el Asegurado tendrá derecho a ser indemnizado por un daño cubierto ocurrido durante el período de cobertura de este seguro, aunque el daño se hubiera producido antes de que el contrato de seguro se haya formalizado, a menos que el Asegurado tuviera conocimiento del daño y los Aseguradores no.

Cláusula de incremento de valor

9. 9.1. Si por parte del Asegurado se hace cualquier otro seguro que aumente el valor de las mercancías aseguradas por la presente, el valor acordado de las mismas se entenderá incrementando a la suma total asegurada por este seguro y a todos los seguros sobre incrementos de valor asegurado que cubran el daño, y la responsabilidad por este seguro estará en proporción a la suma asegurada por la presente y a la mencionada cantidad total asegurada.

En el caso de reclamación, el Asegurado deberá aportar prueba a los Aseguradores de las cantidades aseguradas por todos los demás seguros.

9.2. Cuando este seguro sea sobre incremento de valor se aplicará la siguiente cláusula:

El valor convenido de las mercancías se entenderá que es igual a la cantidad total asegurada en el seguro inicial y todos los seguros de incremento de valor que cubran el daño y se hayan efectuado por el Asegurado sobre las mercancías, y la responsabilidad por este seguro, estará en pro-

Continúa

Continuación

porción a la suma asegurada por la presente y a la mencionada cantidad total asegurada.

En el caso de reclamación, el Asegurado deberá aportar prueba a los Aseguradores de las cantidades aseguradas por todos los demás seguros.

BENEFICIO DEL SEGURO
Cláusula de no efecto
10. Este seguro no surtirá efecto en beneficio del transportista u otro depositario.

AMINORACIÓN DE DAÑOS
Cláusula de obligaciones del Asegurado
11. Es obligación del Asegurado y sus dependientes y Agentes respecto a un daño recobrable por la presente

11.1. adoptar aquellas medidas que puedan considerarse razonables con el fin de evitar o disminuir tales daños, y

11.2. asegurarse de que todos los derechos contra transportistas, depositarios y otras terceras partes sean adecuadamente preservados y ejercitados. y los Aseguradores reembolsarán al Asegurado,

además de cualquier daño recobrable por la presente, cualquier gasto en que razonable y adecuadamente hayan incurrido en virtud de tales obligaciones.

Cláusula de renuncia
12. Las medidas tomadas por el Asegurado o los Aseguradores con el objeto de salvar, proteger o recuperar el objeto no serán consideradas como una renuncia o aceptación de abandono, ni perjudicarán de otra forma los derechos de cualquiera de las partes.

EVITACIÓN DE DEMORAS
Cláusula de diligencia razonable
13. Es condición de este seguro que el Asegurado actuará con razonable diligencia en todas las circunstancias que estén dentro de su control.

LEY Y PRÁCTICA
Cláusula de Ley y Práctica Inglesas
14. Este seguro está sometido a la Ley y Práctica Inglesas.

En, a

El tomador del seguro

Figura 8.4. Cláusulas del Instituto para huelgas.

(PARA SER UTILIZADAS SOLAMENTE CON EL NUEVO MODELO DE PÓLIZA MARÍTIMA)

INSTITUTE WAR CLAUSES (CARGO)
Cláusulas del Instituto para Guerra (Mercancías)

RIESGOS CUBIERTOS
Cláusula de riesgos

1. Este seguro cubre, excepto lo dispuesto en las cláusulas 3 y 4 siguientes, pérdida o daño al objeto asegurado causados por

1.1. guerra, guerra civil, revolución, rebelión, insurrección, o contienda civil que provenga de esos hechos o cualquier acto hostil por o contra un poder beligerante

1.2. captura, incautación, embargo preventivo, restricción o detención, provenientes de los riesgos cubiertos por la cláusula 1.1 anterior, y las consecuencias de los mismos o de su tentativa

1.3. minas, torpedos, bombas u otras armas de guerra abandonadas.

Cláusula de Avería Gruesa

2. Este seguro cubre la avería gruesa y los gastos de salvamento, ajustados o determinados de acuerdo con el contrato de fletamiento y/o la ley y práctica aplicables, en que se haya incurrido para evitar, o tratar de evitar un daño proveniente de un riesgo cubierto por estas cláusulas.

EXCLUSIONES
Cláusula de exclusiones generales

3. En ningún caso este seguro cubrirá:

3.1. Pérdida, daño o gasto atribuibles a una conducta dolosa del Asegurado.

3.2. Derrames usuales, pérdidas naturales de peso o volumen, o uso y desgaste normales del objeto asegurado.

3.3. Pérdida, daño o gastos causados por insuficiencia o inapropiado embalaje o preparación del objeto asegurado (a efectos de esta cláusula 3.3 «Embalaje» se entenderá que incluye la estiba en un contenedor o plataforma, bien por parte del Asegurado o de sus dependientes, pero solamente cuando tal estiba se realice antes de la entrada en vigor de este seguro).

3.4. Pérdida, daño o gastos causados por vicio propio o naturaleza del objeto asegurado.

3.5. Pérdida, daño o gastos causados directamente por demora, aun cuando la misma sea causada por un riesgo asegurado (excepto los gastos que deban pagarse de acuerdo con la anterior cláusula 2).

3.6. Pérdida, daño o gastos surgidos de insolvencia o incumplimientos financieros de los propietarios, administradores, fletadores u operadores del buque.

3.7. Cualquier reclamación basada en la pérdida o frustración del viaje o aventura.

3.8. Pérdida, daño o gastos que surjan de la utilización hostil de cualquier arma de guerra en la cual se emplee fisión y/o fusión atómica o nuclear, u otra parecida reacción o fuerza o materia radiactiva.

Cláusula de exclusión de innavegabilidad y falta de idoneidad

4. 4.1. En ningún caso este seguro cubrirá pérdida, daño o gastos derivados de:

– innavegabilidad del buque o embarcación,
– falta de idoneidad del buque, embarcación, vehículo, contenedor o plataforma para el transporte con seguridad del objeto asegurado,
– cuando el Asegurado o sus dependientes conozcan tal falta de navegabilidad o idoneidad en el momento de carga del objeto asegurado.

4.2. Los Aseguradores renuncian a los derechos que tengan por el quebrantamiento de las garantías implícitas de navegabilidad e idoneidad del buque, para transportar el objeto asegurado a su destino, a menos que el Asegurado o sus dependientes conozcan esa innavegabilidad o falta de idoneidad.

DURACIÓN
Cláusula de tránsito

5. 5.1. Este *seguro*

5.1.1. entra en vigor únicamente cuando el objeto asegurado o una parte del mismo, pero solamente en lo que se refiere a esa parte, son cargados sobre un buque transoceánico y

5.1.2. finaliza, sujeto a lo dispuesto en 5.2 y 5.3 siguientes, cuando el objeto asegurado o una parte del mismo, pero solamente en lo que se refiere a esa parte, se descargan del buque transoceánico en el puerto o lugar final de descarga, o al término de 15 días contados a partir de la medianoche del día de la llegada del buque al puerto o lugar final

Continúa

Continuación

de descarga, lo que en primer lugar ocurra; pero siempre, sujeto a pronto aviso dado a los Aseguradores y a una prima adicional, tal seguro

5.1.3. vuelve a entrar en vigor cuando, sin haber descargado el objeto asegurado en el puerto o lugar final de descarga, el buque se hace a la mar, y

5.1.4. finaliza, sujeto a lo dispuesto en 5.2 y 5.3 siguientes, cuando el objeto asegurado o una parte del mismo, pero solamente en lo que se refiere a esa parte, se descargan posteriormente del buque en el puerto o lugar final de descarga (o en el que le haya sustituido), *o* al término de 15 días contados a partir de la medianoche del día de la nueva llegada del buque a un puerto o lugar final de descarga o a la llegada del buque a un puerto o lugar de descarga que le sustituya, lo que en primer lugar ocurra.

5.2. Si durante el viaje asegurado el buque transoceánico arribara a un puerto o lugar intermedio a fin de descargar el objeto asegurado para continuar su transporte en otro buque transoceánico o en avión, o las mercancías son descargadas del buque en un puerto o lugar de refugio, entonces sujeto a lo dispuesto en 5.3 que sigue y a una prima adicional si fuese requerida, continuará este seguro hasta el término de 15 días contados a partir de la medianoche del día de la llegada del buque a dicho puerto o lugar, pero posteriormente volverá a entrar en vigor cuando el objeto asegurado o una parte del mismo, pero solamente en lo que se refiere a esa parte, se cargan en el nuevo buque transoceánico o en un avión. Durante el período de 15 días el seguro permanece en vigor después de la descarga únicamente mientras el objeto asegurado o una parte del mismo, pero solamente en lo que se refiere a esa parte, permanezcan en tal puerto o lugar. Si las mercancías son transportadas de nuevo dentro del citado período de 15 días o si el seguro vuelve a entrar en vigor según lo dispuesto en esta cláusula 5.2.

5.2.1. cuando el nuevo transporte se efectúe por medio de un buque transoceánico, este seguro continúa sujeto a las condiciones de estas cláusulas, o

5.2.2. cuando el nuevo transporte se efectúe por avión, las vigentes cláusulas del Instituto para Guerra (Carga Aérea) (excluyendo los envíos por correo), se considerarán que forman parte de este seguro y serán aplicadas al nuevo transporte aéreo.

5.3. Si el viaje en el contrato de transporte se termina en un puerto o lugar distinto del de destino convenido en aquél, tal puerto o lugar será considerado como el puerto final de descarga y el seguro terminará de conformidad con lo dispuesto en

5.1.2. Si el objeto asegurado es subsiguientemente reembarcado al destino original o a cualquier otro, entonces siempre que se curse aviso a los Aseguradores con anterioridad al comienzo de dicho ulterior viaje y sujeto a una prima adicional, el seguro volverá a entrar en vigor.

5.3.1. En el caso de que el objeto asegurado haya sido descargado, cuando el mismo o una parte de él, pero solamente en lo que se refiere a esa parte, sea cargada en el buque que haya de continuar el viaje.

5.3.2. En el caso de que las mercancías no hayan sido descargadas, cuando el buque se haga a la mar desde el considerado puerto final de descarga, posteriormente este seguro finaliza de conformidad con lo dispuesto en 5.1.4.

5.4. El seguro contra los riesgos de minas y torpedos abandonados, flotantes o sumergidos, se extiende mientras el objeto asegurado o cualquier parte del mismo se encuentra en una embarcación en tránsito a o desde el buque transoceánico, pero en ningún caso fuera del término de 60 días después de la descarga del buque transoceánico a menos que se convenga de otra forma específicamente por los Aseguradores.

5.5. Sujeto a aviso inmediato a los Aseguradores, y a una prima adicional si es requerida, este seguro permanecerá en vigor, supeditado a las estipulaciones de estas cláusulas durante cualquier desviación, o cualquier variación de la aventura que surjan del ejercicio de una facultad garantizada a Armadores o fletadores por el contrato de fletamiento.

(A los fines de la cláusula 5

«llegada» se entiende que significa que el buque esté fondeando, atracado o de otra forma sujeto a un muelle o lugar dentro de la zona portuaria. Si tal muelle o lugar no están disponibles, la llegada se entenderá haberse producido cuando el buque por primera vez fondee, atraque o de otra forma se asegure en o fuera del puerto o lugar de descarga intentado.

«Buque transoceánico» se entenderá que significa un buque que transporta el objeto asegurado de un puerto o lugar a otro cuando tal viaje implique un trayecto marítimo efectuado por aquel buque).

Continúa

Continuación

Cláusula de cambio de viaje
6. Cuando, después de la entrada en vigor de este seguro, el lugar de destino es cambiado por el Asegurado, se mantendrá cubierto, mediante prima y condiciones a convenir, supeditado a que se dé aviso inmediato a los Aseguradores.

7. Cualquier cosa contenida en este contrato que vaya en contradicción con lo dispuesto en las cláusulas 3.7, 3.8 ó 5, se considerará hasta donde llegue tal contradicción, invalidada y nula.

Reclamaciones
Cláusula de interés asegurable
8. 8.1. Para ser indemnizado, en virtud de este seguro, el Asegurado debe tener un interés asegurable en el objeto asegurado en el momento del siniestro.
8.2. Supeditado a la cláusula 8.1, el Asegurado tendrá derecho a ser indemnizado por un daño cubierto ocurrido durante el período de cobertura de este seguro, aunque el daño se hubiera producido antes de que el contrato de seguro se haya formalizado, a menos que el Asegurado tuviera conocimiento del daño y los Aseguradores no.

Cláusula de incremento de valor
9. 9.1. Si por parte del Asegurado se hace cualquier otro seguro que aumente el valor de las mercancías aseguradas por la presente, el valor acordado de las mismas se entenderá incrementado a la suma total asegurada por este seguro y a todos los seguros sobre incrementos de valor asegurado que cubran el daño, y la responsabilidad por este seguro estará en proporción a la suma asegurada por la presente y a la mencionada cantidad total asegurada.
En el caso de reclamación, el Asegurado deberá aportar prueba a los Aseguradores de las cantidades aseguradas por todos los demás seguros.
9.2. Cuando este seguro sea sobre incremento de valor se aplicará la siguiente cláusula: El valor convenido de las mercancías se entenderá que es igual a la cantidad total asegurada en el seguro inicial y todos los seguros de incremento de valor que cubran el daño y se hayan efectuado por el Asegurado sobre las mercancías, y la responsabilidad por este

seguro, estará en proporción a la suma asegurada por la presente y a la mencionada cantidad total asegurada. En el caso de reclamación, el Asegurado deberá aportar prueba a los Aseguradores de las cantidades aseguradas por todos los demás seguros.

BENEFICIO DEL SEGURO
Cláusula de no efecto
10. Este seguro no surtirá efecto en beneficio del transportista u otro depositario.

AMINORACIÓN DE DAÑOS
Cláusula de obligaciones del Asegurado
11. Es obligación del Asegurado y sus dependientes y Agentes respecto a un daño recobrable por la presente
11.1. adoptar aquellas medidas que puedan considerarse razonables con el fin de evitar o disminuir tales daños, y
11.2. asegurarse de que todos los derechos contra transportistas, depositarios y otras terceras partes sean adecuadamente preservados y ejercitados y los Aseguradores reembolsarán al Asegurado, además de cualquier daño recobrable por la presente, cualquier gasto en que razonable y adecuadamente hayan incurrido en virtud de tales obligaciones.

Cláusula de renuncia
12. Las medidas tomadas por el Asegurado o los Aseguradores con el objeto de salvar, proteger o recuperar el objeto asegurado no serán consideradas como una renuncia o aceptación de abandono, ni perjudicarán de otra forma los derechos de cualquiera de las partes.

EVITACIÓN DE DEMORAS
Cláusula de diligencia razonable
13. Es condición de este seguro que el Asegurado actuará con razonable diligencia en todas las circunstancias que estén dentro de su control.

LEY Y PRÁCTICA
Cláusula de Ley y Práctica Inglesas
14. Este seguro está sometido a la Ley y Práctica Inglesas.

En, a

El tomador del seguro

Figura 8.5. Cláusulas del Instituto para guerra.

pueden figurar algunas disposiciones obligatorias. Su concreción se encuentra en los artículos 406 a 467 de la Ley de Navegación Marítima y su contenido sintetizado es:

- **Intereses asegurados**
  - Los buques, embarcaciones y artefactos navales. Incluso en construcción o desguace.
  - El flete.
  - El cargamento.
  - La responsabilidad civil derivada del ejercicio de la navegación.
  - Otros intereses patrimoniales legítimos expuestos a los riesgos de la navegación marítima.

- **Riesgos de la navegación cubiertos**
  El asegurador indemnizará al asegurado, en los términos fijados en el contrato, por los daños que sufra el interés asegurado como consecuencia de los riesgos de la navegación, a excepción de:

  - La guerra (declarada o no) civil o internacional, el bloqueo y los apresamientos que resulten de ella.
  - La captura, el embargo o la detención por orden de alguna autoridad nacional o extranjera.
  - La piratería, el motín, el terrorismo y las situaciones de alteración del orden público.
  - Las huelgas y los cierres patronales.
  - Las explosiones atómicas o nucleares, las radiaciones y las contaminaciones radioactivas.

- **Dolo y culpa del asegurado**
  El asegurador no responde de los daños causados al interés asegurado por dolo del asegurado, sin que valga pacto en contrario. Este tampoco responderá por culpa grave del asegurado, pero, si las partes acordasen lo contrario, quedará al menos un 10 % del daño a cargo del asegurado. Este porcentaje mínimo es indisponible para las partes.

- **Vicio propio**
  Quedan excluidos de la cobertura los daños causados por vicio propio o la naturaleza intrínseca del objeto asegurado y los producidos por causa del desgaste y el uso natural.

Capítulo 9

Legislación y derecho marítimo

A finales del siglo xviii se dio el nacimiento del Estado contemporáneo cuya unidad de derecho es la nación. Cada nación establece sus propias normas de acuerdo con su tradición jurídica y a través de sus instituciones políticas.

El sistema no funciona con facilidad cuando interviene alguna frontera o algún entorno internacional porque la unidad donde opera la nación es más pequeña que el rango del conflicto que se pueda suscitar y que haya que resolver.

Para evitar esa quiebra del sistema nacen tres líneas de derecho, cada una de las cuales intervendrá en el derecho marítimo:

- **Derecho nacional**

  Regula todos los aspectos de la navegación interior o de cabotaje, así como los relacionados con seguridad, mar territorial o puertos, entre otros. Además de regular los requisitos de abanderamiento del buque con su pabellón.

- **Derecho internacional**

  - *Derecho internacional privado*

    Se refiere a las normas que establecen cuándo se aplica el derecho de la propia nación y cuándo se aplica el derecho extranjero. Sería el caso, por ejemplo, de dos personas de nacionalidad francesa residentes en España que contraen matrimonio y un tiempo después se separan. Son mayores de edad y tienen capacidad para contraer matrimonio según la ley francesa, se han casado según la ley española, las relaciones matrimoniales y patrimoniales entre ellos dependen de la ley francesa, pero la situación de los bienes y derechos respecto de terceros y una eventual ruptura matrimonial se rige por la ley española. Es así porque el Código Civil español reconoce la aplicación de un derecho extranjero determinado en unos casos tasados de forma análoga a lo que ocurre en el resto de los países.

— *Derecho internacional público*
Integra el derecho de los tratados y las organizaciones internacionales.

1   Tratados y organizaciones internacionales

Los tratados internacionales son normas redactadas por dos o más Estados, aprobadas por sus parlamentos e incorporadas a sus respectivos derechos nacionales.

Por su parte, las organizaciones internacionales, integradas por estados, construyen y ponen en común regulaciones cuya ejecutividad viene condicionada a que se adhieran los estados miembros de la organización, es decir, a que sean firmantes y las incorporen a su propio derecho.

No obstante, algunas organizaciones de carácter técnico, como es el caso de la Organización Marítima Internacional (OMI), han comenzado a aplicar el procedimiento de aprobación por silencio, de modo que los estados están obligados a oponerse a la aplicación de la norma en su territorio en un plazo determinado y, de no hacerlo, entrará en vigor para él, aunque solo sea para su aplicación y exigencia por parte del resto de los estados miembros.

Si una norma de la OMI fuera aprobada con el silencio de España, el Estado español devendría obligado a cumplirla, lo publique o no en el BOE. Aunque esta obligación sería dudosa para los tribunales españoles, los tribunales extranjeros la aplicarían en los conflictos que conozcan y España esté involucrada en ellos, resultando de algún modo obligatoria.

2   La *lex mercatoria*

Es una manera de construir derecho al margen de los estados y de las instituciones políticas, desde la necesidad de resolver problemas y desde la profesionalidad de los operadores internacionales que colaboran con organizaciones internacionales privadas. Naturalmente, esto no es derecho en sentido estricto porque la soberanía nacional de cada Estado no ha delegado su capacidad legisladora en estas instituciones privadas. Puede definirse como un sistema técnico y jurídico, teniendo en cuenta la realidad del mercado y la experiencia de los operadores, y permite que se constituya un borrador normativo que los estados pueden convertir en norma, incorporándolo a su propio derecho, o los propios operadores al tenerlo en cuenta en los contratos porque las partes son legisladoras al plasmar su voluntad negocial.

Los contratos son fruto del acuerdo de voluntades de las partes contratantes. Tienen un contenido mínimo o máximo legal y un estatus de sujeción a autorización previa, por ejemplo. En definitiva, las partes tienen más o menos libertad pero, básicamente, son ellas las que dan contenido de ley a su voluntad a través del contrato. Las cláusulas que incorporan serán más claras en todos los aspectos si son uniformes porque solo cobra sentido comparar dos pólizas de seguro, por ejemplo, si sus cláusulas son semejantes, o comparar dos fletes si sus cláusulas son iguales y sus importes y calidades se corresponden con una misma regla Incoterms. Esta necesidad de mercado es la que ha llevado a la aceptación unánime de la uniformidad por los operadores económicos.

Los ejemplos más claros de la *lex mercatoria* son las reglas Incoterms y las reglas y usos uniformes relativos a los créditos documentarios, publicados por la Cámara de Comercio Internacional, las cláusulas ICC del Instituto de Aseguradores de Londres, y las cláusulas Baltime de la Bimco para los contratos de fletamento.

3 El derecho de las instituciones internacionales

Los estados coexisten entre sí y con mucha frecuencia las personas se encuentran con intereses legítimos en otro Estado distinto del suyo de origen. Para la resolución de posibles conflictos se han establecido tratados internacionales con normas pactadas entre estados para regular determinados aspectos de sus relaciones que afectan a su política internacional o relaciones comerciales.

En cuanto a los acuerdos internacionales en materia de transporte marítimo, hay que hacer referencia a las reglas de La Haya Visby, recogidas en el Convenio internacional para la unificación de ciertas reglas en materia de conocimiento de embarque.[1]

Esas reglas fueron traspuestas al derecho interno español mediante la aprobación de la Ley de unificación de reglas para los conocimientos de embarque de los buques mercantes de 1949.

---

[1] Fue firmado en Bruselas el 25 de agosto de 1924, fueron modificadas por el protocolo de Visby en 1968 y nuevamente modificadas en el protocolo adicional de 1969.

Posteriormente, la Uncitral estudió y patrocinó las Reglas de Hamburgo de 1978 que entraron en vigor en 1992, si bien España no figuró entre los países firmantes. La misma Uncitral, dado el escaso éxito de dicha reglas, propuso unas nuevas, las de Rotterdam, que entrarán en vigor un año después de que sean ratificadas por veinte países.

Hay que recordar que, aunque un país no haya ratificado las Reglas de Hamburgo, sí pueden ser derecho aplicable en dicho país si la norma de conflicto llama a la aplicación del derecho de un Estado que sí las haya firmado.

4 Cláusulas habituales en derecho marítimo incorporadas en los conocimientos de embarque

Las cláusulas habituales en derecho marítimo que se incorporan a los conocimientos de embarque y que se aplican por los tribunales de justicia son:

- **Cláusula Himalaya**
  Aquella que extiende a los agentes, dependientes, empleados y contratistas independientes del naviero, la obligación de ejecutar las obligaciones que les corresponden a este respecto a todas las defensas de las cuales se beneficia el naviero cuando se le reclame responsabilidad.

- **Cláusula *hardship***
  Significa excesiva onerosidad. Permite modificar los términos del contrato de larga duración y adaptarlo a las nuevas circunstancias.

- **Cláusula *paramount***
  Gracias a esta cláusula las partes del contrato de transporte se someten al derecho de un determinado Estado o a un instrumento jurídico internacional. Por ejemplo, las Reglas de La Haya. Su validez está sujeta a la existencia de un punto de conexión, es decir, que ese derecho sea vigente en algún lugar que tenga relación directa con el contrato en sí (Estado del puerto de carga o del de descarga, de los domicilios del vendedor o del comprador, del lugar de firma del contrato, etc.).

- **Cláusula jurisdicción**
  Por esta cláusula, las partes del contrato de transporte se someten a los tribunales de un determinado Estado (siempre que tenga punto de conexión).

- **Cláusula de arbitraje**

  En virtud de esta cláusula, las partes del contrato de transporte se obligan a sujetar sus diferencias en la ejecución del mismo a arbitraje. Un procedimiento análogo al judicial que se administra por árbitros designados por las partes o designados por un tribunal arbitral al que se someten las partes. En España, desde la entrada en vigor de la nueva Ley de Navegación Marítima, esta cláusula requiere que se negocie separadamente. Es decir, no basta la mención en el dorso del conocimiento de embarque, sino que debe quedar constancia documental de que las partes del contrato han acordado dirimir sus diferencias a través de un arbitraje.

- **Cláusulas especiales abordo**

  Sobre cubierta, mercancías peligrosas, *clean on board*, ignorancia de peso y contenido.

- **Cláusulas especiales de policía**

  Intervención de las autoridades del Estado del puerto o ribereño.

- **Cláusula de responsabilidad de la mercancía sobre el pago del flete**

  Derecho de retención de la mercancía a favor de la naviera en el caso de impago del flete.

5 Derecho positivo español

Las normas principales que regulan el transporte por mar y la navegación se recogían, hasta la entrada en vigor de la Ley de Navegación Marítima (LNM) en 2014, en el libro III del Código de Comercio de 1885 que regulaba el estatuto legal de los buques y de las personas y entidades que intervienen en el comercio marítimo de los contratos especiales de comercio marítimo, riesgos, daños y accidentes y seguros marítimos.

Esta primera redacción fue parcialmente modificada y complementa por, entre otras, las leyes de Hipoteca Naval de 1893, la Ley de unificación de reglas para los conocimientos de embarque de los buques mercantes de 1949, la Ley 27/92 de Puertos del Estado y de la Marina Mercante y la Ley de contrato de seguro y reglamento de ordenación de los seguros privados.

En paralelo a la normativa marítima, existe la normativa portuaria recogida en lo fundamental en el Real Decreto Legislativo 2/2011, texto refundido de la Ley de Puertos del Estado y de la Marina Mercante, norma que regula el régimen jurídico de los puertos y las relaciones de las autoridades portuarias con otras autoridades y con los usuarios de los servicios y espacios públicos del propio puerto.

El Gobierno español tiene en estudio el anteproyecto de Ley del Sector Logístico que pretende regular todas las actividades logísticas dentro de un mismo marco normativo. Esa norma es la llamada a regular de manera conjunta e integrada la actividad de las empresas transitarias.

En este punto cabe recordar que la primera vez que aparece la palabra transitario en un texto legal español fue en 1987 con la Ley de Ordenación de los Transportes Terrestres (LOTT), aplicable a estas empresas aunque realizaran transportes marítimos. Después volvió a aparecer la figura del transitario en la Ley del Contrato de Transporte Terrestre de Mercancías y, de forma más velada, en las Reglas de Rotterdam (bajo la denominación transportista documentario).

6   Derecho internacional privado español

Las normas de derecho internacional privado (sobre qué ley es aplicable a cada caso cuando interviene un elemento extranjero) vienen reguladas por el Código Civil, que establecen las leyes penales, las de policía[2] y las de seguridad pública, que obligan a todo el que se halle en territorio español. Además, se recogen:

- Las normas sobre posesión, propiedad y demás derechos reales (los derechos sobre las cosas) son las correspondientes al lugar donde se hallen.
- El derecho que regula los bienes en tránsito es el del lugar de su expedición, salvo pacto en contrario entre el remitente y el destinatario.
- Los buques y los derechos sobre los mismos se regulan por la ley de su país de abanderamiento.
- Las obligaciones contractuales se rigen por el derecho que hayan pactado las partes y, en su defecto, por las del lugar de celebración del contrato.
- Las obligaciones no contractuales (la responsabilidad civil, básicamente) se regulan por el derecho del lugar donde se hayan contraído (donde acaezcan los hechos por los que nace la obligación).

Estos principios generales requieren de alguna matización porque solo son aplicables las leyes extranjeras en España (o en cualquier otro Estado) siempre que no

---

[2] «Leyes de policía» significa normativa administrativa, en general. Por ejemplo, normas de seguridad marítima, normas de navegación en cuanto a circulación por los mares, en definitiva, toda la capacidad normativa administrativa en la organización de la navegación.

sean contrarias al orden público (normal ejercicio de los derechos) o no se utilicen en fraude de ley (cumpliendo una ley extranjera para evitar la aplicación global del derecho nacional).

Otra puntualización que cabe indicar es el concepto de reenvío. Para ejemplificar, la ley española dice que para una obligación nacida de un contrato celebrado en un país determinado A se aplique el derecho de este país, pero puede darse el caso de que el derecho de este país A establezca que la norma aplicable sea el de la nacionalidad del contratante, de un país B. La solución que da el Código Civil es la negación del reenvío, de modo que se aplicará la ley española para saber qué ley es la aplicable sin tener en cuenta el reenvío, salvo que este sea a la ley española.

7 Ley de Navegación Marítima

En primer lugar se debe acotar cómo se aplica y qué es el derecho marítimo desde la entrada en vigor de la Ley de Navegación Marítima.

Esta ley consagra la aplicación prioritaria (con la que es plenamente consecuente) de las Reglas de La Haya-Visby y contempla futuras modificaciones cuando entren en vigor las Reglas de Rotterdam. Por tanto, en tráficos internacionales y de cabotaje, las fuentes del derecho son:

- Ley de Navegación Marítima.
- Leyes complementarias y reglamentos de desarrollo.
- Usos y costumbres de la navegación marítima.

Hay que tener en cuenta que en los tráficos internacionales también se han de considerar los tratados internacionales firmados por España y la legislación de la UE.

Asimismo, hay que añadir a estas fuentes el derecho común, de modo que a falta de otra legislación se aplicarán los principios generales contenidos en el Código de Comercio y en el Código Civil.

Todo ello con independencia de que las personas físicas o jurídicas afectadas sean españolas o extranjeras y sean residentes o no.

8 Contrato de transporte marítimo de mercancías (contrato de fletamento)

En los apartados siguientes se analizarán los elementos fundamentales de la nueva normativa.

El porteador, a cambio de un flete, está obligado a transportar por mar una mercancía de un lugar a otro, a entregarla a su destinatario en el lugar o puerto de destino y a conservarla en el estado en que las recibió. Las distintas clases de fletamento son:

- **Fletamento por tiempo**
  En este caso el fletamento se refiere a toda o parte de la cabida de un buque por un tiempo determinado durante el cual el porteador realiza todos los viajes que le ordene el fletador. En este caso, el fletador asume la gestión comercial del buque y sus gastos variables de explotación, salvo pacto en contrario. Si una de las partes lo solicita, ambas están obligadas a suscribir una póliza de fletamento.

- **Fletamento por viaje**
  Esta es la ocasión en la que el fletamento hace referencia a toda o parte de la cabida de un buque, en uno o varios viajes determinados. En este caso el porteador asume la gestión comercial del buque y sus gastos variables de explotación, salvo pacto en contrario. Si una de las partes lo solicita, ambas están obligadas a suscribir una póliza de fletamento.

- **Fletamento en régimen de conocimiento de embarque (línea regular)**
  En esta coyuntura el transporte alude a determinadas mercancías que estén determinadas por su peso, medida o clase. La protagonista es la mercancía, no el buque como en los dos casos anteriores.

9 El conocimiento de embarque

El cargador tiene derecho a obtener (y el porteador, el capitán del buque o el agente del porteador tiene el deber de entregar) el conocimiento de embarque que, además de constituir el recibo de las mercancías por parte del porteador, constituye el documento que da derecho a la restitución de las mercancías en el puerto de destino y expresa en su contenido los elementos esenciales del contrato.

El conocimiento de embarque puede emitirse cuando las mercancías están embarcadas o cuando están en el muelle a disposición del porteador para su carga. En este último caso, una vez cargadas a bordo, el capitán incluirá en el conocimiento la mención «embarcado» o «embarcadas», así como la fechas y horas desde el inicio de las operaciones de carga hasta que quedan estibadas en el buque; o bien cambiará el conocimiento de embarque original por otro posterior en que se indicará que las mercancías han sido embarcadas.

El conocimiento de embarque se emitirá en tantos originales como solicite el cargador, haciendo constar el número de originales en cada uno de ellos. No obstante, el porteador quedará exonerado de cualquier responsabilidad si entrega las mercancías contra la presentación y el rescate de uno solo de los originales, considerando los demás amortizados en ese momento.

9.1   El conocimiento de embarque como derecho cartular

El conocimiento de embarque da a su legítimo tenedor el derecho para retirar las mercancías reintegrando el documento como prueba de entrega de esas mercancías, es decir, cuando el embarcador tiene las mercancías, cuando las entrega al porteador recibe a cambio el conocimiento de embarque y cuando el legítimo tenedor devuelve el conocimiento de embarque al porteador, este le entrega las mercancías. Así, el tenedor legítimo del conocimiento de embarque siempre puede cambiar este por la tenencia de las mercancías. No hace referencia a la propiedad de las mercancías, que eso depende de los negocios que se traigan entre sí el exportador y el importador a los que el transportista es ajeno, sino de la legítima tenencia de las mercancías y que tiene como contrapartida la legítima tenencia del conocimiento de embarque por parte de quien las pueda retirar.

El conocimiento de embarque puede ser al portador, caso en que los derechos inherentes al mismo se transfieren por la mera entrega del conocimiento, a la orden, caso en que se transfieren por endoso del conocimiento, o nominativos, caso en que los derechos se transmiten a través del procedimiento legalmente establecido para la cesión de créditos que, desde un punto de vista práctico y seguro, conllevaría el otorgamiento del contrato de cesión ante notario, y la notificación notarial de la transmisión al porteador.

El conocimiento de embarque, como en definitiva es la plasmación de un contrato de transporte y el recibo de las mercancías simultáneamente, debe ser firmado por la naviera, por el agente de la naviera o por el capitán del buque como representante del armador.

9.2   Reservas

El conocimiento de embarque es el documento donde el porteador plasmará las reservas al recibo de la mercancía para su transporte. Las reservas con comprobación son manifestaciones escritas sobre cualquier disparidad que aprecie el porteador entre la realidad de la mercancía que recibe (descripción, bultos, marcas, pesos, volúmenes, etc.) y lo manifestado en el conocimiento de embarque. La reserva sin comprobación es la manifestación en el conocimiento de que al porteador le ha resultado imposible la comprobación. Las reservas enervan la fuerza probatoria del conocimiento. Si el conocimiento de embarque está sin reservas (limpio) da fe de que las mercancías fueron entregadas al porteador en el estado en que figuran en el propio conocimiento, salvo prueba contraria, y la carga de la prueba (el esfuerzo de conseguir las pruebas) corresponde al porteador.

9.3   Tipos de conocimiento de embarque

- **Conocimiento electrónico**

  Si previamente lo acuerdan por escrito cargador y porteador, y con todas las especificaciones técnicas del soporte, el conocimiento de embarque podrá emitirse en formato electrónico. El conocimiento de embarque electrónico podrá ser sustituido por otro en soporte papel, y viceversa, siempre mediante acuerdo escrito entre el porteador y el tenedor legítimo del conocimiento.

- **Conocimiento de embarque multimodal**

  Las normas relativas al conocimiento de embarque marítimo son de aplicación a los documentos de transporte multimodal o combinado.

9.4   Menciones obligatorias en el conocimiento de embarque

- Identificación y domicilio del porteador.
- Identificación y domicilio del cargador.
- Identificación y domicilio del destinatario cuando el conocimiento sea nominativo.
- Descripción de la mercancía realizada por el cargador con indicación de su naturaleza, marcas de identificación, número de bultos y, en su caso, peso y volumen, y estado aparente. Si la carga está contenerizada, se entenderá el contenedor como una única unidad a estos efectos.
- Si el cargador lo solicita, valor de las mercancías.

– Si la mercancía es clasificada como peligrosa, se hará constar de forma destacada.
– Si fuera el caso, que las mercancías pueden viajar en cubierta.
– Puertos de carga y descarga de la mercancía. En los conocimientos de transporte multimodal, puntos de carga y descarga.
– Fecha de entrega de la mercancía al porteador para su transporte y, si se hubiera pactado, fecha o plazo de entrega.
– Lugar de emisión del conocimiento.
– Número de ejemplares originales si hubiera más de uno.
– Firma del porteador, su agente o el capitán del buque.

9.5 Pérdida del conocimiento de embarque

La Ley de Navegación Marítima establece un expediente notarial para el caso de pérdida del conocimiento de embarque que, en síntesis, se articula del siguiente modo. El legítimo tenedor del conocimiento que ha sido desposeído del mismo debe acudir a un notario con sede en el lugar de destino de las mercancías, requerirle para que incoe el expediente aportando toda la información del conocimiento y todas las pruebas que le acrediten como legítimo tenedor desposeído. El notario, previa comunicación a la naviera, al cargador y a los endosantes (si hubiera) y previo anuncio en el Boletín Oficial del Estado, dará plazo para que comparezca en el expediente con sus pruebas cualquier interesado. Transcurridos los plazos pertinentes, el notario decidirá si ha comparecido un tercero reivindicando la legítima posesión del conocimiento, darle un plazo de dos meses para que aporte la presentación de demanda judicial reivindicando el derecho al recibo de las mercancías; o si nadie comparece en el expediente para contradecir la legitimidad del instante del expediente y estima suficientes las pruebas aportadas, declarará en acta de notoriedad la amortización del conocimiento de embarque y se reconocerá la titularidad del mismo a favor del requirente.

10 La carta de porte marítimo

Cuando un transporte marítimo se realiza fuera del ámbito del conocimiento de embarque (fletamentos por tiempo o por viaje) se emitirá una carta de porte que contendrá las mismas indicaciones que las que corresponderían a un conocimiento de embarque, aunque, en este caso, sería no negociable y no sería otra cosa que la plasmación del contrato entre fletador y porteador.

11 Obligaciones del porteador

- Poner a disposición de la carga un buque en adecuado estado de navegabilidad y de seguridad en el puerto convenido y en el muelle designado por el cargador en fletamentos y por el propio porteador en transportes en régimen de conocimiento de embarque.
- Cargar las mercancías a bordo. También podrá cargas las mercancías sobre cubierta pero solo en caso de que el cargador lo hubiera aceptado expresamente o fuera conforme con los usos y reglamentaciones en vigor.
- Realizar el viaje convenido sin demoras ni desviaciones, ya que el porteador responde de los daños y perjuicios que cause por retraso en la entrega o desviaciones no motivadas por estrictos motivos de seguridad o salvamento.
- Arribar a puerto designado por el cargador, si se ha reservado esa facultad en el contrato, y siempre que sea seguro y accesible, y atracar en el muelle designado por el cargador, salvo que se trate de un transporte en régimen de conocimiento de embarque (línea regular) en el cual el muelle será designado por el porteador.
- Entregar las mercancías sin demora al destinatario. Si este no se presentara a retirarlas, el porteador podrá almacenarlas a costa del destinatario o solicitar el depósito judicial de las mercancías.

12 Obligaciones del fletador

- Presentar las mercancías al embarque en el fletamento. Si no se presentase todas las mercancías contratadas, se devengará flete por todas (falso flete), presentadas o no, salvo que el porteador haya tomado otras cargas hasta completar la capacidad del buque.
- Presentar las mercancías al embarque en régimen de conocimiento de embarque (línea regular). Si no las presenta en el plazo usual de operación del buque en el muelle, el porteador puede dar por resuelto el contrato y exigir, en su caso, daños y perjuicios al cargador.
- Solicitar al porteador y obtener de este el consentimiento para el embarque de mercancías peligrosas.
- Pagar el flete.

13 Conceptos importantes

- **Flete**

  El flete es la contraprestación económica del transporte marítimo e incluye la realización del viaje y la custodia de las mercancías durante el mismo. Puede incluir, además, operaciones de terminal y determinado tiempo de plancha.

  En los fletamentos, las operaciones de carga y estiba del buque son por cuenta del cargador y las de desestiba y descarga del buque son por cuenta del receptor, todo ello salvo que las partes hayan pactado otra cosa.

  En los embarques en régimen de conocimiento de embarque (línea regular), las operaciones de carga y estiba en puerto de origen, y de desestiba y descarga en puerto de destino, son por cuenta del buque, salvo que las partes hayan pactado otra cosa.

- **Plancha**

  El tiempo de plancha es el que se pacta entre el porteador y el fletador para la operación del buque a la carga y a la descarga. Su cómputo se inicia desde que el buque está en el muelle, listo y preparado para la operación, y siempre que el cargador (a la carga) o el destinatario (a la descarga) hubieran recibido la correspondiente comunicación del porteador. Comenzado el cómputo, este se sigue hasta completar el plazo pactado (sin contar festivos, salvo pacto en contrario, ni los días en que no se pueda trabajar por causas fortuitas). Consumido el plazo, de no haber finalizado las operaciones, se entra en demoras. Si no hubiere pacto en cuanto a los plazos de carga y descarga o en cuanto al importe de la indemnización por demoras, se estará a la costumbre del puerto para buques y mercancías de similares características.

- **Cálculo del flete**

  El flete se calcula por la forma pactada entre fletador y porteador. A falta de pacto, se puede calcular por el peso o volumen de las mercancías en los fletamentos por viaje y por días en los fletamentos por tiempo.

- **Pago del flete**

  El obligado al pago del flete es el fletador. El porteador puede aceptar que el flete sea pagadero en destino aunque el fletador sea el cargador, pero en este caso, si el destinatario rehúsa o no retira las mercancías, el flete y gastos deberán ser pagados por el cargador.

- **Privilegio del crédito por el flete**
  Las mercancías transportadas están afectas preferentemente al pago del flete y gastos ocasionados durante el transporte y por el plazo de quince días siguientes a la entrega. El porteador podrá retener las mercancías en destino y solicitar su depósito y venta salvo que el destinatario no sea el fletador y conste en el conocimiento de embarque «flete pagadero en destino».

14   Responsabilidad del porteador

En materia de responsabilidad, la Ley de Navegación Marítima se remite a las Reglas de La Haya-Visby y a su propio texto[3] y se establecen:

- **Causas de responsabilidad**
  Pérdida, avería o retraso. Pérdida es la desaparición de la mercancía, avería es la entrega de la misma con daños y retraso significa la entrega de la mercancía después del plazo convenido para ello, o de no haber plazo convenido, el plazo razonable en función de las circunstancias del caso.

- **Límites por pérdida o avería**
  La ley se remite a las Reglas de La Haya[4] y la más elevada es de entre 666.67 DEG del FMI por bulto o unidad o 2 DEG del FMI por kilogramo de peso bruto. A estos efectos, un contenedor se considera un único bulto. Los DEG del FMI son los Derechos Especiales de Giro del Fondo Monetario Internacional que se publican en su propia web, y vienen a ser una «moneda internacional» cuyo cambio se calcula en función de los cambios del dólar estadounidense, el euro, la libra esterlina y el yen japonés.

- **Límites por retraso en la entrega**
  El límite se establece en dos veces y medio el importe del flete correspondiente a las mercancías afectadas por el retraso, con un máximo del flete total que deba pagarse por el contrato de fletamento.

---

[3] Artículos 277 y siguientes.
[4] En el protocolo de Bruselas de 21 de diciembre de 1979 modificativo de las Reglas de La Haya.

- **Límite conjunto**
  Cuando se produce responsabilidad por daños o pérdida y retraso simultáneamente, el límite conjunto es el correspondiente a daños o pérdida. Estos límites operan solo en el caso de que no se haya producido la pérdida, avería o retraso por actuación dolosa o temeraria del portador, sea del contractual o sea del efectivo.

- **Sujetos responsables**
  Solidariamente, el porteador contractual y el porteador efectivo. El porteador contractual podrá repetir contra el porteador efectivo en el plazo de un año, a contar desde el abono de la indemnización.

- **Responsabilidad en transporte sucesivo**
  Cuando se produce responsabilidad en un transporte realizado por porteadores sucesivos, bajo un único título de transporte, todos los porteadores serán responsables solidariamente, sin perjuicio de repetir el que hubiera pagado la responsabilidad contra aquel bajo cuya custodia se produjo el siniestro.

- **Protestas**
  En caso de pérdida o daños, el destinatario deberá dar aviso escrito al porteador con descripción de la naturaleza de las mismas en el día laborable siguiente a su entrega, si son aparentes, o en tres días laborables, si no son aparentes. En caso de responsabilidad por retraso, deberá dar el aviso escrito en los diez días laborables siguientes al de la entrega.

- **Prescripción de acciones**
  Las acciones nacidas del contrato de fletamento, sea este del tipo que fuere, prescriben al año, a contar desde:

  - Pérdidas, averías o daños: Desde la entrega de las mercancías.
  - Retrasos: Desde que debieron entregarse las mercancías.
  - Reclamación de fletes y gastos: Desde el momento en que debieron pagarse según establezca la póliza de fletamento o el conocimiento de embarque.

15 Los operadores marítimos

La compañía naviera es quien tiene la legítima posesión de un buque, sea de su propiedad o no, y lo dedica a la navegación en su propio nombre y bajo su responsabilidad.

La naviera es quien, utilizando buques propios o ajenos, se dedica a la explotación comercial de los mismos.

- **El consignatario de buques**

  La Ley de Navegación Marítima[5] lo define como la persona que, por cuenta de la naviera, se ocupa de las gestiones materiales y jurídicas necesarias para el despacho y demás atenciones del buque en puerto.

  El consignatario no responde por pérdida, daño o retraso, pero es representante *ex lege* de la naviera para recibir reclamaciones causando el mismo efecto que si se hubieren dirigido a la misma naviera.

  Cuando el consignatario asume funciones propias de transitario o terminal de manipulación portuaria, le serán aplicables los derechos y obligaciones de transitario o terminal.

- **El transitario**

  Su regulación nace de la Ley de Ordenación de los Transportes Terrestres que lo define como la empresa mercantil que actúa como cargador ante el transportista y como transportista ante el cargador en un mismo transporte. La Ley de Navegación Marítima lo incorpora como transportista contractual y le da todos los derechos y obligaciones del cargador frente al transportista y todos los derechos y obligaciones del transportista frente al cargador.

  El transitario tiene derecho de repetición frente al porteador efectivo por las responsabilidades que contraiga como transportista contractual y tiene derecho de repetición frente al cargador por las responsabilidades que contraiga frente al porteador efectivo.

- **El porteador**

  Es quien toma la responsabilidad de la realización de un transporte. Puede hacerlo por sus propios medios de explotación (porteador efectivo) o a través de medios ajenos (porteador contractual, porteador documentario o transitario, que de los tres modos se define).

- **El manipulador portuario**

  Se define[6] como aquel operador que se compromete a realizar todas las operaciones de manipulación de la mercancía en puerto, entre las que se incluyen re-

---

[5] Regulado en los artículos 319 y siguientes.
[6] Según la Ley de Navegación Marítima. Regulado en los artículos 329 y siguientes.

cepción, carga, estiba, desestiba, descarga, entrega, depósito, almacenamiento en muelle o en almacenes portuarios, clasificación y transporte intraportuario.

En definitiva, el operador portuario recibe y expide las mercancías antes y después del transporte principal, por tanto, está sujeto a responsabilidad que la ley le atribuye en términos similares a los de la responsabilidad del porteador (pérdida, daño o retraso), da los plazos de reclamación para enervar la presunción de que se recibieron o entregaron en el estado que consta en el recibo de las mercancías (admítase o entréguese), en este caso, tres días para daños aparentes y quince días para daños no aparentes. Limita la responsabilidad a 2 DEG del FMI por kilogramo de mercancía en caso de pérdida o daños, y dos veces y media su remuneración por la operación para el caso de retraso.

El manipulador portuario tiene derecho de retención sobre las mercancías en tanto no se le abone el precio devengado por sus servicios.

16   El contrato de transporte

El contrato de transporte es un contrato entre dos partes, el cliente y el transitario, que se refiere al traslado de una mercancía determinada de un punto a otro y a la custodia de la mercancía desde que se recoge en el domicilio del proveedor y hasta que se entrega en el domicilio del cliente. Hay que destacar los siguientes conceptos:

- **Forma**
  No está sujeto a forma alguna, de manera que constituye el contrato la formación de voluntad de ambas partes (transitario y cliente) manifestada en sus relaciones de cualquier modo, normalmente por correos electrónicos que constituyen la oferta y la aceptación.

- **Prueba**
  La prueba del contrato y de sus principales particulares se plasma en la carta de porte que, en este caso, es el conocimiento de embarque.

- **Papel del transitario**
  El transitario es el transportista frente al cargador, y es el cargador frente al transportista efectivo. Por tanto, todas las reclamaciones del cliente vendrán contra el transitario, y este las deberá repetir (reclamar de nuevo) al transportista. Así viene expresamente reconocido en el artículo 126 de la Ley de Ordenación de los Transportes Terrestres, la primera que dio naturaleza ju-

rídica propia al transitario; en la Ley de Navegación Marítima donde la denominación es de porteador contractual (donde incluye expresamente a los transitarios), en el artículo 4º de la Ley del Contrato de Transporte Terrestre de Mercancías; y en las Reglas de Rotterdam donde la figura se denomina transportista o porteador documentario. Es decir, es el que se compromete a realizar el transporte, tanto si lo hace por sus propios medios o por medios ajenos.

- **Naturaleza**

  Es un contrato de resultado, por tanto, solo se cumple íntegramente cuando se entrega la mercancía que se recibió, en el mismo estado en que se recibió y en el lugar designado por el cliente. El cliente solo lo cumple íntegramente cuando paga el flete y los gastos ocasionados.

- **Posición del transitario ante otros hechos distintos del transporte**

  El transitario actúa por encargo y por interés de su cliente.[7] Por tanto, todos los gastos extraordinarios que realice en defensa de la mercancía o de la seguridad jurídica de su cliente, deben ser reembolsados por el cliente, aunque no figure en la oferta y en la aceptación (salvo que figuren excluidos). Por ejemplo, ante una avería de mercancía hay que requerir perito, realizar fotografías y alquilar un almacén cercano para el depósito de la mercancía entre tanto se produce el peritaje.

- **Responsabilidad del transitario**

  Como ocupa la posición de transportista ante el cargador y de cargador ante el transportista tiene los mismos derechos y responsabilidades y las mismas acciones para demandar o defenderse en juicio de cada uno de los dos frente al otro. Aquí hay que resaltar la importancia de los plazos porque un transitario puede recibir una reclamación del cargador un día antes de que venza el plazo de reclamación y no tener tiempo material de poder reclamar contra el transportista efectivo. Asimismo, en igual circunstancia puede darse la reclamación del transportista efectivo por responsabilidades del cargador.

- **Responsabilidad del transportista**

  Viene establecida por las Reglas de La Haya. El transportista es responsable de todas las averías que sufra la carga, salvo las causas de exoneración de responsabilidad, que son:

---

[7] Según el artículo 1779 del Código Civil.

– Ni el porteador ni el buque serán responsables de las pérdidas o daños que provengan o resulten de la falta de condiciones del buque para navegar, a menos que sea imputable a falta de la debida diligencia en la preparación del buque para navegar.
– Ni el porteador ni el buque serán responsables por pérdidas o daños que resulten o prevengan:

- De actos, negligencia o falta del capitán, marinero, piloto o del personal destinado por el porteador a la navegación o a la administración del buque.
- De incendio, a menos que haya sido ocasionado por hecho o falta del porteador.
- De peligros, daños o accidentes de mar o de otras aguas navegables.
- De fuerza mayor.
- De hechos de guerra.
- Del hecho de enemigos públicos.
- De detención o embargo de soberanos, autoridades o pueblos, o de un embargo judicial.
- De restricción de cuarentena.
- De un acto u omisión del cargador o propietario de las mercancías o de su agente o representante.
- De huelgas o *lock-outs,* de paros o de trabas a impuestos o al trabajo por cualquier causa.
- De motines o perturbaciones civiles.
- De salvamento o tentativa de salvamento de vidas o bienes en el mar.
- De disminución en volumen o peso, o de cualquier otra pérdida o daño resultante del vicio propio de la mercancía.
- De embalaje insuficiente.
- De insuficiencia o imperfección de marcas.
- De los vicios ocultos que escapan a una diligencia razonable.
- De cualquier otra causa que no proceda del hecho o falta del porteador, o del hecho o falta de agentes o encargados del porteador.

16.1 Plazos y responsabilidad

Se debe dar notificación escrita al transportista en el momento mismo de la recepción por parte del destinatario (o en el máximo de un día) si los daños son aparentes o en el plazo de tres días si no son aparentes. En cuanto a la reclamación judicial se debe formular en el plazo máximo de un año.

Por lo que respecta a los límites de la responsabilidad, si el embarque se realizó bajo condiciones de valor declarado, la responsabilidad alcanza al valor de la mercancía al tiempo de su embarque. Si el embarque no se realizó en régimen de valor declarado, la responsabilidad estará sujeta a límites y será el menor de dos valores, el valor de la mercancía en el momento del embarque, o el del límite de aplicación. El límite de aplicación será el mayor de dos valores, 666.67 DEG del FMI (derechos especiales de giro del Fondo Monetario Internacional) por bulto o unidad, o 2 DEG del FMI por kilogramo de peso bruto.

16.2   Averías

- **Averías simples**

  - Los daños que sobrevienen al cargamento desde su embarque hasta su descarga, así por vicio propio de la cosa como por accidente de mar o por fuerza mayor, y los gastos hechos para evitarlos y repararlos.
  - Los daños y gastos que sobrevienen al buque en su casco, aparejos, armas y pertrechos, por las mismas causas y motivos desde que se hizo a la mar en el puerto de salida hasta que ancló y fondeó en el de su destino.
  - Los daños sufridos por las mercaderías cargadas sobre cubierta, excepto en la navegación de cabotaje, si las ordenanzas marítimas lo permiten.
  - Los sueldos y alimentos de la tripulación cuando el buque es detenido o embargado por orden legítima o fuerza mayor, si el fletamento estuviera contratado por un tanto el viaje.
  - Los gastos necesarios de arribada a un puerto para repararse o aprovisionarse.
  - El menor valor de los géneros vendidos por el capitán en arribada forzosa, para pago de alimentos y salvar a la tripulación, o para cubrir cualquier otra necesidad del buque, a cuyo cargo vendrá el abono correspondiente.
  - Los alimentos y salarios de la tripulación mientras está el buque en cuarentena.
  - El daño inferido al buque o cargamento por el choque o abordaje con otro, siendo fortuito e inevitable. Si el accidente ocurre por culpa o descuido del capitán, este responderá de todo el daño causado.
  - Cualquier daño al cargamento por faltas, descuido o baraterías del capitán o de la tripulación, sin perjuicio del derecho del propietario a la indemnización correspondiente contra el capitán, el buque y el flete.

• **Averías gruesas**

La nueva Ley de Navegación Marítima conceptúa, como avería gruesa, el daño o gasto extraordinario que se causa de manera intencionada y razonable para la salvación común de los bienes comprometidos en un viaje marítimo con ocasión de estar todos ellos amenazados por un peligro. Siguiendo el texto del Código de Comercio, detalla del siguiente modo ese sacrificio sobrevenido:

– Los efectos o metálico invertidos en el rescate del buque o del cargamento apresado por enemigos, corsarios o piratas, y los alimentos, salarios y gastos del buque detenido mientras se hiciere el arreglo o rescate.
– Los efectos arrojados al mar para aligerar el buque, ya pertenezcan al cargamento, ya al buque o a la tripulación, y el daño que por tal acto resulte a los efectos que se conserven a bordo.
– Los cables y palos que se corten o inutilicen, o las anclas y las cadenas que se abandonen, para salvar el cargamento, el buque o ambas cosas.
– Los gastos de alijo o transbordo de una parte del cargamento para aligerar el buque y ponerlo en estado de tomar puerto o rada, y el perjuicio que de ello resulte a los efectos alijados o transbordados.
– El daño causado a los efectos del cargamento por la abertura hecha en el buque para desaguarlo e impedir que zozobre.
– Los gastos hechos para poner a flote un buque encallado de propósito con objeto de salvarlo.
– El daño causado en el buque que fuere necesario abrir, agujerear o romper para salvar el cargamento.
– Los gastos de curación y alimento de los tripulantes que hubieren sido heridos o estropeados defendiendo o salvando el buque.
– Los salarios de cualquier individuo de la tripulación detenido en rehenes por enemigos, corsarios o piratas, y los gastos necesarios que cause en su prisión, hasta restituirse al buque, o a su domicilio, si lo prefiere.
– El salario y los alimentos de la tripulación del buque fletado por meses, durante el tiempo que estuviere embarcado o detenido por fuerza mayor u orden del gobierno, o para reparar los daños causados en beneficio común.
– El menoscabo que resultase en el valor de los géneros vendidos en arribada forzosa para reparar el buque por causa de avería gruesa.
– Los gastos de la liquidación de la avería.

Las averías simples son responsabilidad del transportista, si no media causa de exoneración de las que se han enumerado en el apartado sobre responsabilidad del transportista.

Las averías gruesas se liquidan en proporción al interés de cada uno, de modo que se evalúa el perjuicio y se reparte entre los titulares de los activos que la avería gruesa contribuyó a salvar, repartiéndose todos las pérdida en proporción al interés de cada uno.

17 El conocimiento de embarque

Las menciones obligatorias en el conocimiento de embarque son:

- Identificación y domicilio del porteador.
- Identificación y domicilio del cargador.
- Identificación y domicilio del destinatario cuando el conocimiento sea nominativo.
- Descripción de la mercancía realizada por el cargador con indicación de su naturaleza, marcas de identificación, número de bultos y, en su caso, peso y volumen, y estado aparente. Si la carga está contenerizada, se entenderá el contenedor como una única unidad a estos efectos.
- Si el cargador lo solicita, el valor de las mercancías.
- Si la mercancía es clasificada como peligrosa, se hará constar de forma destacada.
- En su caso, que las mercancías pueden viajar en cubierta.
- Puertos de carga y descarga de la mercancía. En los conocimientos de transporte multimodal, puntos de carga y descarga.
- Fecha de entrega de la mercancía al porteador para su transporte y, si se hubiera pactado, fecha o plazo de entrega.
- Lugar de emisión del conocimiento.
- Número de ejemplares originales si se hubiera más de uno.
- Firma del porteador, su agente o el capitán del buque.

17.1 *Pérdida del conocimiento de embarque.*
El conocimiento como título valor

Si se da el caso de que una persona tiene un cheque al portador y decide ir al banco emisor a cobrarlo, tienen que pagárselo porque este se entrega. Si no se paga por falta de fondos, lo devuelven. Si el cheque es nominativo a favor de la persona portadora de dicho cheque, el esquema es el mismo pero se añade la identificación de esta. Es decir, el derecho va unido indisolublemente al documento.

El conocimiento de embarque es un título de valor que da derecho a su poseedor a retirar la mercancía. El transportista emite un conocimiento de embarque y lo entrega a quien le da la carga como recibo de las mercancías en su poder y como acreditación del encargo de transportarlas a un lugar concreto. El cargador remitirá por su vía el conocimiento al destinatario, quien se lo presentará y entregará al transportista. Al recuperarlo el transportista, obtiene la prueba de que ha entregado el cargamento.

En consecuencia, el tenedor de un conocimiento de embarque tiene derecho a recibir las mercancías del transportista contra la sola presentación.

Si un conocimiento de embarque se extravía, la persona en cuyo poder se encuentre este puede reclamar las mercancías de la naviera.

Como ya se ha hecho referencia anteriormente, el contrato de transporte es distinto del de compraventa. Son distintas las partes (transportista, cliente y comprador o vendedor), las obligaciones y la naturaleza de los respectivos contratos. Por tanto, la naviera no puede entregar el cargamento si no se le entrega el conocimiento.

Así pues, en la pérdida del conocimiento de embarque queda una situación pendiente por todo el período que media hasta la prescripción de las acciones y que las partes deben resolver desde el mejor interés para todo.

Hasta la entrada de la nueva Ley de Navegación Marítima el procedimiento para su efectiva solución era acreditar un derecho razonable sobre la mercancía (el vendedor y el comprador), que se lo solicitasen al transportista y le facilitaran garantía bancaria a primer requerimiento por el importe de la mercancía y de los gastos de una eventual reclamación, lo que acostumbra a ser de un valor de un 25 %. Esa garantía se extendía por un plazo de dos años para cubrir no solo el plazo de prescripción, sino los posibles de su interrupción o tiempo de tránsito de las notificaciones. Desde la nueva Ley de Navegación Marítima el procedimiento establecido es un expediente notarial. El legítimo tenedor del conocimiento que ha sido desposeído del mismo debe acudir a un notario con sede en el lugar de destino de las mercancías, requerirle para que incoe el expediente aportando toda la información del conocimiento y todas las pruebas que le acrediten como legítimo tenedor desposeído. El notario, previa comunicación a la naviera, al cargador y a los endosantes (si hubiera) y previo anuncio en el Boletín Oficial del Estado, dará plazo para que comparezca en el expediente con sus pruebas cualquier interesado. Transcurridos los plazos pertinentes, el notario decidirá:

– Si ha comparecido un tercero reivindicando la legítima posesión del conocimiento, darle un plazo de dos meses para que aporte la presentación de demanda judicial reivindicando el derecho al recibo de las mercancías.
– Si nadie comparece en el expediente para contradecir la legitimidad del instante del expediente y estima suficiente las pruebas aportadas, declarará en acta de notoriedad la amortización del conocimiento de embarque y se reconocerá la titularidad del mismo a favor del requirente.

18 Finalidad del derecho marítimo

La razón de ser del derecho marítimo (como de todas las ramas del derecho) es regular las situaciones que se puedan producir en caso de conflicto, en caso de siniestro o en caso de que la operación no salga bien. En ese caso, el cumplimiento de las normas (el seguimiento del cauce para la resolución de un problema) puede ser cumplido voluntariamente o no.

En derecho hay dos mecanismos para hacer cumplir las normas cuando no lo hacen voluntariamente, el arbitraje y el procedimiento judicial.

El arbitraje es el sometimiento de un conflicto al criterio de un árbitro o de un tribunal arbitral que, siguiendo los trámites previstos en la Ley 60/2003 de Arbitraje, conoce del asunto, lo estudia y dicta un laudo que pone fin a la controversia. El arbitraje debe ser expresamente aceptado por las partes en conflicto. Los árbitros son nombrados por las propias partes o designados por una tercera persona física o jurídica a quien las partes le han dado esa facultad.

El procedimiento arbitral es normalmente más rápido que el judicial y el laudo es prácticamente inatacable porque no contempla una segunda instancia. Este último solo puede ser revocado en virtud de un recurso de anulación que debe basarse en causas muy tasadas entre la que no está el desacuerdo.

El procedimiento judicial es el que se sigue ante los Tribunales de Justicia. El procedimiento normalmente es el ordinario, en que una parte demanda a la otra, la otra parte contesta esa demanda, se cita a las partes a una audiencia previa ante el juzgado, se señala una vista pública y el juez dicta sentencia. El juez competente para los asuntos de derecho marítimo es el Juez de lo Mercantil de la provincia. Cualquiera de las partes que intervengan en el pleito podrá recurrir la sentencia dictada por el juez de lo Mercantil ante la Audiencia Provincial, que estudiará el asunto y dictará nueva sentencia que será confirmatoria o modificatoria de la recaída en primera instancia. Esa sentencia de apelación, a su vez, podrá ser objeto de recurso de casación ante el Tribunal Supremo o el Tribunal Superior de Justicia de la comunidad autónoma correspondiente, en función de la cuantía y de la materia. Todo este itinerario hace que la tramitación sea mucho más larga que en el procedimiento arbitral, que se limita a un único laudo en un procedimiento más rápido.

Hasta aquí había un incumplimiento contractual y ahora hay uno contractual más un laudo (o más una sentencia). Ahora bien, el incumplimiento de un laudo (o de una sentencia) dará lugar a la ejecución.

El procedimiento de ejecución se seguirá ante el juzgado competente (normalmente, el de lo Mercantil) en que el juez dará a la parte incumplidora un plazo de diez días para dar cumplimiento a la sentencia o laudo y, en otro caso, llevará a cabo la ejecución.

Como casi todas las sentencias o laudos van a tener un contenido económico, la ejecución se va realizar mediante el embargo de bienes, derechos y rentas del ejecutado.

Tanto la actuación judicial en el procedimiento declarativo (en el que se dirime la controversia) como en el ejecutivo (el de ejecución) conlleva normalmente la condena en costas, es decir, la condena a pagar los honorarios del procurador y del abogado de la parte que ganó el pleito o que obtuvo la ejecución.

19   Tipos de contrato de transporte

En todos los medios de transporte, el contrato obliga fundamentalmente al cargador a entregar la mercancía acondicionada para su transporte, al destinatario a recibirla, y al transportista a realizar el viaje por el itinerario pactado o más razonable, a entregarla en tiempo al destinatario, y en el estado en que la recibió para el transporte.

- **Transporte terrestre por carretera**
  Viene básicamente regulado por la Ley del Contrato de Transporte Terrestre de Mercancías y por el convenio CMR.

  Existen límites a la responsabilidad del transportista que operan previa demostración de que no hubo dolo o negligencia grave por parte del mismo. En caso de pérdida y avería, 8.33 DEG/kg bruto de mercancía perdida o dañada o su valor factura si fuere menor. En caso de retraso, el límite es el precio del transporte.

- **Transporte terrestre por ferrocarril**
  Viene regulado por el Convenio relativo a los transportes internacionales por ferrocarril (COTIF) de 9 de mayo de 1980, modificado por el Protocolo de

Vilna de 3 de junio de 1999 y por la Ley del Contrato de Transporte Terrestre de Mercancías.

Como ocurre con el trasporte por carretera, existen límites a la responsabilidad del transportista. Para los transportes dentro de España, en caso de pérdida y avería es también de 8.33 DEG/kg bruto de mercancía perdida o dañada o su valor factura si fuere menor. En caso de retraso, el límite es el precio del transporte. Para los transportes internacionales, los límites serán los establecidos en el Protocolo de Vilna que son para pérdida y avería 17 DEG/kg bruto, o su valor factura, si fuere menos, y para el caso de retraso en la entrega 4 veces el precio del transporte.

- **Transporte aéreo**

  Regulado por el convenio para la unificación de ciertas reglas para el Transporte Aéreo Internacional, acordado en Montreal el 28 de mayo de 1999, y la Ley 48/1960, de 21 de julio, de Navegación Aérea. Los límites de la responsabilidad del transportista en este caso son igual para pérdida, avería y retraso, 19 DEG/kg bruto de mercancía perdida, dañada o entregada con retraso.

- **El contrato de transporte intermodal**

  No existe una regulación de contrato de transporte intermodal. Las Naciones Unidas promovieron un convenio internacional para el transporte multimodal internacional de mercancías en 1980, pero no llegó a entrar en vigor.

  En derecho no existe la posibilidad del vacío legal, aunque sea frecuente hablar de él. El Título Preliminar del Código Civil, que es el que establece los principios de la aplicación del derecho, dice que este viene configurado por la Ley, la costumbre y los principios generales del derecho y que la jurisprudencia complementa e informa el derecho.

Se puede decir que la ley nace de la función legislativa del Estado, la costumbre nace de la función legislativa de los particulares cuando reiteradamente, y con conciencia de obligatoriedad, la adoptan los principios generales del derecho y constituyen la quintaesencia de todas las normas y costumbres que tengan que ver con el asunto del que se trate, y la jurisprudencia es la doctrina que emana de las resoluciones de los Tribunales.

La jurisprudencia del Tribunal Supremo (por las sentencias de la Audiencia Provincial de Madrid 148/2012, de 14 de mayo, y del Tribunal Supremo del 16 de julio de 2008) explica la regulación del transporte multimodal como un auténtico contrato de transporte donde el transportista contractual o documentario asume la responsabilidad del total transporte, y los transportistas efectivos asumen las responsabilidades del transporte efectivamente realizados por ellos y con la aplicación de los respectivos límites en función del tipo de transporte.

20 Regulación de la actividad de transitario

En cuanto a las relaciones del transitario con la administración, el transitario se establece como una actividad regulada.

En toda la Unión Europea, el ejercicio de la actividad de transitario está sujeto a la autorización previa del Estado del domicilio de la actividad o de la comunidad autónoma competente si el Estado ha cedido la transferencia correspondiente. En el caso español, por ejemplo, Cataluña tiene la competencia transferida y el País Vasco no. Por tanto, es la Generalidad de Cataluña la competente en Cataluña y el Ministerio de Fomento el competente en el País Vasco.

La autorización administrativa se solicita ante el Ministerio de Fomento o ante la consejería competente de la comunidad autónoma, acreditando suficiencia financiera, honorabilidad del empresario o sus apoderados, no haber sido sancionado por infracciones en materia de transportes, estar al corriente de las obligaciones fiscales y de Seguridad Social, tener, por parte del empresario o alto ejecutivo, la capacitación profesional que otorga la misma autoridad en exámenes que se convocan anualmente y disponer de una oficina abierta al público con la licencia municipal correspondiente. Para que el local pueda obtener la licencia oficial abierta al público deberá tener todos los requerimientos que el Plan General de Ordenación Urbana y ordenanzas aplicables en el municipio de la sede prevé.

El ejercicio de la actividad de transitario sin la autorización administrativa preceptiva constituye una infracción muy grave en la Ley de Ordenación de los Transportes Terrestres (aplicable al transitario marítimo, pese a su denominación), que lleva aparejada multas de 4,001 a 6,000 €, salvo que, en el momento de la comisión del hecho, el sancionado cumpla con todos los requisitos establecidos en la ley, excepto el de la autorización y la solicite en el plazo de quince días desde que le es notificada, caso en el que la infracción se recalificaría como leve.

Capítulo 10

Fiata

La Federación Internacional de Asociaciones de Transitarios y Asimilados, conocida como Fiata,[1] es una organización no gubernamental fundada en Viena, Austria, el 31 de mayo de 1926. Representa a una actividad que cubre aproximadamente 40,000 firmas de empresas transitarias, que emplea entre 8 y 10 millones de personas en 150 países y constituye la mayor organización no gubernamental en el ámbito del transporte de influencia mundial.

Fiata tiene un estatus consultivo en el marco del Consejo Económico y Social (Ecosoc) de las Naciones Unidas, en la Conferencia de las Naciones Unidas sobre Comercio y Desarrollo (UNCTAD) y en la Comisión de las Naciones Unidas para el Derecho Mercantil Internacional (CNUDMI o Uncitral, por sus siglas en inglés).

Fiata es reconocida como representante de la industria de las empresas transitarias por distintas organizaciones gubernamentales, autoridades y organizaciones privadas internacionales, como son la Cámara de Comercio Internacional (CCI), la Asociación Internacional de Transporte Aéreo (IATA), la Unión Internacional de Ferrocarriles (UIC), la Unión Internacional de Transporte por Carretera (IRU), la Organización Mundial de Aduanas (WCO) y la Organización Mundial de Comercio (OMC), entre otras.

Los miembros de Fiata pueden formar parte directamente o bien a través de las asociaciones estatales. En el caso español, la Federacion Española de Transitarios Expedidores Internacionales y Asimilados (Feteia) engloba a las diversas asocia-

---

[1] En francés, *Fédération Internationale des Associations de Transitaires et Assimilés,* en inglés *International Federation of Freight Forwarders Associations,* y en alemán *Internationale Föderation der Spediteurorganisationen.*

ciones locales de empresas transitarias (ATEIA), es miembro de Fiata y participa activamente en todas las actividades que se plantean en el seno de esta organización.

En el ejercicio de su actividad, para favorecer el desarrollo del transporte, ha generado una serie de documentos conocidos como «documentos Fiata» que son utilizados generalmente entre cargadores y transitarios en la ejecución de los contratos de transporte.

Los dos más importantes son Fiata FBL, conocimiento de embarque, y Fiata FCR, certificado de recepción.

1   Fiata FBL: conocimiento de embarque modelo Fiata

Cuando la empresa transitaria adopta ante el cargador o fletador la figura de contratista del transporte, asumiendo sobre sí la responsabilidad de un transporte, suele utilizar como conocimiento de embarque el propio modelo de la Fiata que está reconocido por la CCI (véase la figura 10.1).

2   Fiata FCR: certificado de recepción de Fiata

En ocasiones el comprador de un producto lo hace a un proveedor en una posición FCA (*free carrier* o franco porteador en un lugar convenido), de acuerdo con las reglas Incoterms 2010. El vendedor cumple su compromiso contractual al entregar la mercancía en el lugar designado en el país de origen a disposición del transportista contratado por el comprador. Si el transportista la recibe en un punto diferente de «a bordo del buque», un almacén o lugar similar, el vendedor cumple entregándola en este punto. La evidencia de que el transportista ha recibido la mercancía para su transporte por cuenta del comprador se obtiene mediante la emisión por parte del citado transportista del certificado de recepción que es el documento que consta este hecho (véase la figura 10.2).

Consignor / *Remitente*

FETEIA-OLT

FBL N.º   ES

NEGOTIABLE FIATA MULTIMODAL TRANSPORT BILL OF LADING

Issued subject to UNCTAD / ICC Rules for Multimodal Transport Documents (ICC Publication 481)

ICC

CONOCIMIENTO FIATA NEGOCIABLE PARA EL TRANSPORTE MULTIMODAL
expedido bajo las Normas UNCTAD / CCI para el Documento de Transporte Multimodal (Publicación CCI 481)

COPIA

Consigned to order of / *Consignado a la orden de*

Notify address / *Dirección*

Place of receipt / *Lugar de recepción*

Ocean vessel / *Buque oceánico*

Port of loading / *Puerto de embarque*

Port of discharge / *Puerto de descarga*

Place of delivery / *Lugar de entrega*

Marks and numbers *Marcas y números*	Number and kind of packages *Número y clase de bultos*	Description of goods *Descripción de la mercancía*	Gross weight *Peso bruto*	Measurement *Medidas*

according to the declaration of the consignor / *Según declaración del remitente*

Declaration of interest of the consignor in timely delivery (Clause 6.2.)
Declaración de interés del remitente sobre el plazo de entrega (Cláusula 6.2.)

Declared value for ad valorem rate according to the declaration of the consignor (Clauses 7 and 8)
Valor declarado para la tasa según declaración del remitente (Cláusulas 7 y 8)

The goods and instructions are accepted and dealt with subject to the Standard Conditions printed overleaf.
Las mercancías e instrucciones se acogen y están sujetas a las condiciones generales impresas al dorso.

Taken in charge in apparent good order and conditions unless otherwise noted herein, at the place of receipt for transport and delivery as mentioned above.
La mercancía ha sido recibida en aparente buen estado, y condiciones, a menos que se haga constar expresamente lo contrario en este documento, para proceder a su transporte y entrega según instrucciones mencionadas más arriba.

One of these Multimodal Transport Bills of Lading must be surrendered duly endorsed in exchange for the goods. In Witness whereof the original Multimodal Transport Bills of Lading all of this tenor and date have been signed in the number stated below, one of which being accomplished the other(s) to be void.
Uno de los ejemplares del conocimiento para el transporte multimodal, deberá ser entregado a cambio de la mercancía. Para dar fe de todo ello, los conocimientos originales para el transporte multimodal se firman en el n.º de originales citado más abajo, confirmando así su contenido y fecha, quedando anulados todos los demás al ejecutarse uno de ellos.

Freight amount / *Importe del flete*	Freight payable at / *Flete pagado en*	Place and date of issue / *Lugar y fecha de la expedición*

Cargo insurance through the undersigned / *Seguro por cuenta de los que suscriben*
☐ not covered / *no cubierto*   ☐ Covered according to attached Policy / *Cubierto según póliza adjunta*

Number of Original FBL's
Número de FBL originales

Stamp and Signature / *Sello y firma*

For delivery of goods please apply to: / *Para la entrega de la mercancía rogamos dirigirse a:*

Figura 10.1. **Modelo Fiata de conocimiento de embarque.**

Suppliers or Forwarders Principals

(Emblem of National Association)

FIATA FCR

No.   Country Code

Forwarders Certificate of Receipt

ORIGINAL   Forw. Ref.

Consignee

Marks and numbers	Number and kind of packages	Description of goods	Gross weight	Measurement

according to the declaration of the consignor

The goods and instructions are accepted and dealt with subject to the General Conditions printed overleaf

We certifiy having assumed control of the above mentioned consignment in external apparent good order and condition

☐ at the disposal of the consignee

with irrevocable instructions*

☐ to be forwarded to the consignee

* Forwarding instructions can only be cancelled or altered if the original Certificate is surrendered to us, and then only provided we are still in a position to comply with such cancellation or alteration.

Instructions authorizing disposal by a third party can only be cancelled or altered if the original Certificate of Receipt is surrendered to us, and then only provided we have not yet received instructions under the original authority.

Place and date of issue

Stamp an signature

Remarks

Instructions as to freight and charges

Text authorized by FIATA. Copyright FIATA / Zurich - Switzerland 2.82

Figura 10.2. . Modelo Fiata de certificado de recepción de la empresa transitaria.

Capítulo 11

Reglas y usos documentarios en la compraventa internacional

Para llevar a cabo compraventas nacionales o internacionales es necesario formalizar un contrato específico para dicha finalidad. En este documento se establece que el vendedor entrega al comprador una cosa determinada, que es el objeto del intercambio y que el comprador ha de pagar al vendedor el precio establecido. Cuando la compraventa se desarrolla en el mismo país se aplica la legislación de este, pero cuando se negocia a escala internacional, es decir, cuando existen fronteras entre el vendedor y el comprador, es necesario regularizar la transacción mediante unas normas jurídicas para formalizarlo y asegurar que el intercambio se realiza de manera adecuada.

Como ya se ha mencionado anteriormente, las fuentes del derecho internacional son los tratados internacionales y la *lex mercatoria*. La expresión de ambas en la compraventa internacional viene configurada por la Convención de Viena y por las reglas Incoterms de la CCI.

1 La Convención de Viena

La Comisión de las Naciones Unidas para el Derecho Mercantil Internacional (CNUDMI o Uncitral, por sus siglas en inglés), redactó la Convención de las Naciones Unidas sobre los Contratos de Compraventa Internacional de Mercaderías, que es el texto legislativo de referencia.

Las cláusulas de este convenio se aplican a compraventas internacionales entre los más de ochenta Estados que forman parte de la Convención, siempre y cuando las partes contratantes no hayan establecido otras cláusulas propias.

Sin embargo, a nivel práctico, tanto importadores como exportadores acostumbran a aplicar las reglas Incoterms.

2 Las reglas Incoterms[1]

Es necesario hacer referencia a dos artículos del Código Civil español: «Los contratantes pueden establecer los pactos, cláusulas y condiciones que tengan por conveniente, siempre que no sean contrarios a las leyes, a la moral, ni al orden público» y «Las obligaciones que nacen de los contratos tienen fuerza de ley entre las partes contratantes, y deben cumplirse a tenor de los mismos», en sus artículos 1255 y 1091, respectivamente. De ellos se extrae que existe libertad para establecer el pacto pero que su cumplimiento es obligatorio. También conviene analizar el contenido del artículo 50 y posteriores del Código de Comercio, donde se establece que los contratos mercantiles (sin importar el modo o el idioma en el que se celebren, pues incluso la correspondencia entre los empresarios sería vinculante) serán válidos y producirán obligación y acción en juicio.

En la compraventa internacional (y en todos los contratos) las partes contratantes pueden acordar en la forma que quieran y establecer todas las cláusulas que tengan por conveniente salvo que sean ilegales. Sin embargo, la Cámara de Comercio Internacional ha acopiado información sobre qué cláusulas y pactos se han de establecer, qué aspectos importantes del contrato se han de tener especialmente en cuenta, o cómo evitar problemas de difícil solución, entre otras cuestiones. De este modo ofrece a los interesados un sistema sencillo para incorporar las cláusulas más eficaces. Estas cláusulas están contenidas en las reglas Incoterms.

2.1 Cómo citar las reglas Incoterms

El modo correcto de citar estas cláusulas es mediante tres letras. Es así porque el buen uso de las reglas Incoterms, para que constituyan una base suficiente de solución si surge alguna controversia, requiere añadir la procedencia (Cámara de Comercio Internacional), la versión y el punto geográfico al que se refiere, como por ejemplo: FOB Barcelona Incoterms® 2010.

El símbolo ® hace referencia a la Cámara de Comercio Internacional como titular del registro de marca registrada de la denominación «Incoterms».

Las reglas Incoterms son una serie de once reglas identificadas con una denominación y una sigla formada por tres letras. La sigla procede de la denominación internacional en

---

[1] El texto íntegro del clausulado puede obtenerse de la edición que realizan los servicios editoriales de la Cámara de Comercio Internacional, en versión bilingüe y, prácticamente, en todos los idiomas de uso internacional del mundo. Véase también *Las reglas Incoterms 2010®. Manual para usarlas con eficacia*, Alfonso Cabrera Cánovas, Marge Books, 2013, Barcelona.

lengua inglesa y se respeta en todos los idiomas. En la última versión (la de 2010, que entró en vigor el 1 de enero de 2011), las reglas son las que se detallan en la tabla 4.1.

Cada una de estas reglas contiene veinte cláusulas, agrupadas en dos bloques de diez, aplicables cada uno a las partes vendedora y compradora, representadas con letras y números, que regulan los aspectos concretos relativos a la ejecución del contrato de compraventa en cuanto a las condiciones de entrega de las mercancías.

1 Obligaciones generales

Hace referencia a las obligaciones generales, a los elementos más genéricos pero más intrínsecos del contrato: la entrega de la mercancía, la entrega de la factura, la recepción de la mercancía y el pago del precio.

2 Obligaciones en política administrativa

Los estados establecen sus propias normas fiscales, de seguridad y de salud pública que determinan la necesidad de realizar determinados trámites, y el clausulado determina a qué trámites se obliga el vendedor y a qué trámites se obliga el comprador.

REGLAS INCOTERMS 2010		
Sigla	**Descripción**	
EXW	*Ex works*	En fábrica
FCA	*Free carrier*	Franco porteador
FAS	*Free alongside ship*	Franco al costado del buque
FOB	*Free on board*	Franco a bordo
CFR	*Cost and freight*	Costo y flete
CIF	*Cost, insurance and freight*	Costo, seguro y flete
CPT	*Carriage paid to*	Transporte pagado hasta
CIP	*Carriage and insurance paid to*	Transporte y seguro pagados hasta
DAT	*Delivered at terminal*	Entregada en terminal
DAP	*Delivered at place*	Entregada en lugar
DDP	*Delivered duty paid*	Entregada derechos pagados

Tabla 11.1. Siglas y descripciones correspondientes a las reglas Incoterms 2010.

	A Obligaciones del vendedor	B Obligaciones del comprador
1	Obligaciones generales del vendedor	Obligaciones generales del comprador
2	Licencias, autorizaciones, acreditaciones de seguridad y otras formalidades (incluye el despacho aduanero)	Licencias, autorizaciones, acreditaciones de seguridad y otras formalidades (incluye el despacho aduanero)
3	Obligaciones relativas a los contratos de transporte y seguro	Obligaciones relativas a los contratos de transporte y seguro
4	Obligaciones relativas a la entrega de la mercancía	Obligaciones relativas a la recepción de la mercancía
5	Transmisión de riesgos del vendedor al comprador	Transmisión de riesgos del vendedor al comprador
6	Reparto de costos entre el vendedor y el comprador	Reparto de costos entre el vendedor y el comprador
7	Notificaciones al comprador	Notificaciones al vendedor
8	Documento de entrega	Prueba de entrega
9	Comprobación, embalaje y marcado	Inspección de la mercancía
10	Ayuda con la información y costos relacionados	Ayuda con la información y costos relacionados

Tabla 11.2. Aspectos regulados en cada regla Incoterms.

3 Obligaciones referentes al transporte y seguro

Se refiere a qué parte debe contratar el transporte y hasta qué lugar, y contratar una póliza de seguro. En este punto hay que insistir en el deber. Por ejemplo, en un FOB no se exige contratar un seguro para ninguna de las partes, pero está claro que existe un punto de entrega que determina dónde se traspasan los riesgos sobre la mercancía de la parte vendedora a la compradora. Quien no tenga concertado un seguro, tendrá que asumir las pérdidas que, en su caso, correspondan por pérdida, avería o daño.

4 Punto de entrega de la mercancía

Hace referencia a cómo, en qué lugar y en qué momento se produce la cesión de la mercancía.

5 **Transmisión de riesgos sobre la mercancía**

Se refiere al momento y al lugar antes del cual, si la mercancía se pierde, la propiedad sigue siendo del vendedor y, en consecuencia, mantiene la obligación de suministrar otra igual al comprador; así como en qué momento el responsable es el comprador y deberá pagarla aunque no la reciba o no la reciba en buen estado.

En los epígrafes 4 y 5 hay que recordar que el momento de entrega de la mercancía es de suma importancia, pues esta deja de estar en posesión jurídica del vendedor para estar en posesión jurídica del comprador. Si se rompe, si es robada o se pierde, este hecho repercutirá en aquel que tuviera en ese momento la posesión jurídica (aunque de hecho la posesión real no sea de ninguno de los dos, porque la tendrá el transportista bajo su custodia). Es decir, si una mercancía se vende en Barcelona en condiciones CIF Santos, la mercancía entrará en posesión jurídica del comprador brasileño en el momento en que esté a bordo del buque en el puerto de Barcelona. Si se rompe, si es robada o se pierde, aunque el buque no haya salido del puerto, el afectado será el importador de Santos, sin perjuicio de las reclamaciones que este pueda hacer. Y será el importador quien tendrá que pagar la factura del exportador de Barcelona en los mismos términos en que la debería pagar si la mercancía llegase a su poder en perfectas condiciones.

6 **Reparto de costos**

Los costos hacen referencia al itinerario administrativo y real que deben realizar las mercancías desde la salida del domicilio del vendedor hasta la llegada al domicilio del comprador.

7 **Notificaciones entre comprador y vendedor**

Tienen el objetivo de que cada uno conozca del otro los particulares de su interés, así como las obligaciones que ya haya cumplido uno para que pueda cumplir las suyas el otro. Es, en definitiva, un cauce de comunicación desde la salida hasta la llegada de la mercancía. Desde que empieza a cumplirse el contrato de compraventa y hasta que acaba de cumplirse. Un proceso que invierte tiempo y espacio en que la mercancía no está en la posesión física de comprador ni vendedor.

8 **Documento y prueba de entrega**

Estas cláusulas regulan un elemento axial del cumplimiento del contrato de compraventa. La prueba, normalmente, es el propio documento de transporte que, ajustado al medio de transporte, emita el transportista. En el transporte marítimo ese documento de prueba es el conocimiento de embarque.

9 Antecedentes y consecuentes inmediatos al transporte

Estas cláusulas hacen referencia a cómo deja la mercancía lista para el transporte (real y administrativamente) el vendedor, y cómo debe inspeccionarla el comprador a su llegada, con tal de reducir los riesgos, y para dar seguridad jurídica a ambas partes. Los aspectos que se regulan son, para el exportador: el embalaje, el marcado y la comprobación de calidades o cantidades; y en el caso del importador: la comprobación a la llegada.

10 Información y costos relacionados

Se hace referencia a elementos suplementarios pero que pueden ser necesarios en la ejecución del contrato de compraventa. Es un compromiso de asistencia mutua en que cada parte prestará a la otra y a cargo de esta última, la asistencia informativa que necesite tanto del producto como objeto de la compraventa, como de las formalidades y trámites en el tránsito del vendedor al comprador. Algunos de los aspectos regulados en estas cláusulas son las fórmulas galénicas, los protocolos especiales, las características técnicas, las instrucciones de uso, las instrucciones de conservación, etc.; todo ello en función del tipo de producto.

Las reglas Incoterms incorporan a la compraventa veinte cláusulas que regulan todos los aspectos relevantes, desde el embalaje y marcado en el domicilio del vendedor hasta la entrega en el domicilio del comprador y la inspección de la mercancía a su llegada. Estas cláusulas regulan todo lo que hace falta para la ejecución del contrato que no sea estrictamente el producto (cuyos parámetros de negociación deben ser exclusivos para cada operación y para cada contrato) o la financiación, que, asimismo, será exclusiva de cada operación e irá en función de cada parte contratante.

Las reglas Incoterms no constituyen derecho (no son obligatorias) hasta que lo incorporan las partes contratantes en el contrato, ya que son cláusulas. En el contrato se establecerán otras cláusulas, desde el objeto hasta el precio, pasando por todas aquellas que se quieran establecer (de derecho aplicable, de arbitraje, de jurisdicción, etc.). Todo el contrato debe guardar una coherencia y, por lo tanto, las demás cláusulas deberán corresponderse con las expresadas en las reglas Incoterms, y no se deberán mezclar unas cláusulas relativas a una regla Incoterms concreta con las relativas a otra, porque solo puede oscurecer el contrato y eso, en referencia al artículo 1288 del Código Civil, tiene su consecuencia: la interpretación de las cláusulas oscuras de un contrato no deberá favorecer a la parte que las hubiese incorporado.

Es más habitual aplicar las reglas Incoterms en la compraventa internacional, pero nada impide su uso en las compraventas del mercado interior. La propia CCI los recomienda para su uso tanto en tráfico nacional como internacional.

2.2 Aspectos significativos de las reglas Incoterms

Todas las fases físicas y administrativas del transporte internacional aparecen en la fila superior, y en las filas inferiores aparecen, con fondo amarillo, las fases que debe contratar y pagar el exportador. Las celdas con fondo rojo son las que debe contratar y pagar el importador. Aparecen, además, algunas celdas con fondo distinto, cuyo significado se describe más adelante.

En las celdas correspondientes a la columna «Seguro mercancía» se puede comprobar que, a excepción de las reglas CIP y CIF (en que el exportador se obliga a contratar el seguro y pagar la prima) en el resto nadie está obligado a contratar un seguro. Por lo tanto, contratarlo es opcional. No obstante, resulta temerario mandar mercancía sin tenerla asegurada. En el contrato de compraventa, la obligación esencial del vendedor es entregar la mercancía vendida, y la obligación esencial del comprador es pagar el precio. Si antes del momento de la entrega, la mercancía desaparece o se destruye, el vendedor no habría entregado nada y, por lo tanto, la pierde sin posibilidad de recuperarla. Del mismo modo, si el siniestro tiene lugar después de entregada, el importador sigue obligado a abonar el pago del precio, aunque no tenga ni pueda tener la mercancía, o no la tenga en condiciones óptimas. Por lo tanto, aunque la cláusula concreta no obligue a la suscripción de un seguro, siempre es recomendable suscribir una póliza.

En FAS *(terminal handling export)* y en DAT *(terminal handling import)* aparece que la conveniencia de contratar es de ambos (exportador e importador) así como asumir del gasto que ocasione. Esto es así porque:

- **En DAT**
  El exportador corre con todos los gastos hasta que la mercancía es descargada en la terminal de destino, y el importador asume todos los gastos desde la terminal de destino a su destino final. De este modo, los gastos de la terminal de destino serán por cuenta del exportador en cuanto a la descarga y puesta a disposición. Desde ese momento los gastos correrán por cuenta del importador.

Reglas Incoterms® 2010

A) Asunción de gastos y obligación de contratar o hacer:

Para todos los medios de transporte, incluido intermodal

	Embalaje Verificación	Carga y/o llenado del contenedor	Transporte terrestre hasta puerto de carga	Despacho aduana exportación	Manipulación portuaria en puerto de carga	Transporte principal	Seguro mercancía	Manipulación portuaria en puerto de descarga	Despacho de aduana importación	Transporte terrestre hasta puerto de descarga	Recepción y descarga
EXW	Exportador	Importador	Importador	Importador	Importador	Importador	No obligado	Importador	Importador	Importador	Importador
FCA	Exportador	Exportador	Según	Exportador	Importador	Importador	No obligado	Importador	Importador	Importador	Importador
CPT	Exportador	Exportador	Exportador	Exportador	Exportador	Exportador	No obligado	Según	Importador	Importador	Importador
CIP	Exportador	Exportador	Exportador	Exportador	Exportador	Exportador	Exportador	Importador	Importador	Importador	Importador
DAT	Exportador	Exportador	Exportador	Exportador	Exportador	Exportador	No obligado	Ambos	Importador	Importador	Importador
DAP	Exportador	Exportador	Exportador	Exportador	Exportador	Exportador	No obligado	Exportador	Importador	Exportador	Importador
DDP	Exportador	Exportador	Exportador	Exportador	Exportador	Exportador	No obligado	Exportador	Exportador	Exportador	Importador

Específicos para transporte marítimo

	Embalaje Verificación	Carga y/o llenado del contenedor	Transporte terrestre hasta puerto de embarque	Despacho aduana exportación	Manipulación portuaria en el puerto de embarque	Transporte principal	Seguros mercancía	Manipulación portuaria en puerto de descarga	Despacho de aduana importación	Transporte terrestre hasta puerto de descarga	Recepción y descarga
FAS	Exportador	Exportador	Exportador	Exportador	Ambos	Importador	No obligado	Importador	Importador	Importador	Importador
FOB	Exportador	Exportador	Exportador	Exportador	Exportador	Importador	No obligado	Importador	Importador	Importador	Importador
CFR	Exportador	Exportador	Exportador	Exportador	Exportador	Exportador	No obligado	Según	Importador	Importador	Importador
CIF	Exportador	Exportador	Exportador	Exportador	Exportador	Exportador	Exportador	Según	Importador	Importador	Importador

B) Punto de cumplimiento de la obligación de entrega:

EXW	El vendedor pone la mercancía en sus almacenes a disposición del comprador
FCA	El vendedor entrega la mercancía al porteador en el punto convenido
CPT	El vendedor entrega la mercancía al porteador
CIP	El vendedor entrega la mercancía al porteador
DAT	La mercancía, ya descargada en la terminal de llegada, queda a disposición del comprador
DAP	La mercancía, preparada para la descarga en el medio de transporte, se pone a disposición del comprador en destino
DDP	La mercancía, preparada para la descarga en el medio de transporte, se pone a disposición del comprador en destino
FAS	Puesta de la mercancía al costado del buque designado por el comprador
FOB	A bordo del buque en puerto de embarque
CFR	A bordo del buque en puerto de embarque
CIF	A bordo del buque en puerto de embarque

C) Redacción: Incoterms + Punto exacto de localización + Incoterms 2010. Ejemplo: FOB Barcelona Incoterms 2010

Denominación reglas Incoterms® 2010 y aplicabilidad a los distintos modos de transporte						
	Denominación	**Maritimo**	**Aéreo**	**Carretera**	**Ferrocarril**	**Multimodal**
EXW	En fábrica	Sí	Sí	Sí	Sí	Sí
FCA	Franco porteador	Sí	Sí	Sí	Sí	Sí
CPT	Transporte pagado hasta	Sí	Sí	Sí	Sí	Sí
CIP	Transporte y seguro pagados hasta	Sí	Sí	Sí	Sí	Sí
DAT	Entregada en terminal	Sí	Sí	Sí	Sí	Sí
DAP	Entregada en lugar	Sí	Sí	Sí	Sí	Sí
DDP	Entregada derechos pagados	Sí	Sí	Sí	Sí	Sí
FAS	Franco al costado de buque	Sí				
FOB	Franco a bordo	Sí				
CFR	Costo y flete	Sí				
CIF	Costo, seguro y flete	Sí				

Estructura reglas Incoterms® 2010	
A **(Obligaciones del vendedor)**	**B** **(Obligaciones del comprador)**
1	Obligaciones generales del vendedor	Obligaciones generales del comprador
2	Licencias, autorizaciones, acreditaciones de seguridad y otras formalidades (incluye el despacho aduanero)	Licencias, autorizaciones, acreditaciones de seguridad y otras formalidades (incluye el despacho aduanero)
3	Obligaciones relativas a los contratos de transporte y seguro	Obligaciones relativas a los contratos de transporte y seguro
4	Obligaciones relativas a la entrega de la mercancía	Obligaciones relativas a la recepción de la mercancía
5	Transmisión de riesgos del vendedor al comprador	Transmisión de riesgos del vendedor al comprador
6	Reparto de costos entre el vendedor y el comprador	Reparto de costos entre el vendedor y el comprador
7	Notificaciones al comprador	Notificaciones al vendedor
8	Documento de entrega	Prueba de entrega
9	Comprobación, embalaje y marcado	Inspección de la mercancía
10	Ayuda con la información y costos relacionados	Ayuda con la información y costos relacionados

Figura 11.3. Relación de las obligaciones asumidas por las partes vendedora y compradora
en las distintas condiciones de entrega de la mercancía.

- **En FAS**

  Como el punto de entrega es la posición de la mercancía al costado del buque en el puerto de carga, son de cuenta del exportador todos los gastos hasta esa posición, mientras que las maniobras de carga y estiba, son por cuenta del importador.

Por último, las celdas con fondo azul oscuro son las siguientes:

- **En FCA**

  Estas siglas hacen referencia a «franco porteador» y es válido para cualquier medio de transporte. Por lo tanto, el exportador estará obligado al pago del transporte hasta el lugar señalado en la cláusula. Por ejemplo, si un exportador radicado en Polígono Industrial Sabadell vende en condiciones FCA Pol. Ind. Sabadell, el único transporte que deberá asumir es la propia carga del vehículo en sus instalaciones. Si vende en condiciones FCA almacén consolidador (por ejemplo, FCA ZAL de Barcelona), el exportador deberá pagar el transporte desde su fábrica en Sabadell al almacén de su consolidador en ZAL de Barcelona. Desde la ZAL de Barcelona al puerto será un transporte por cuenta del importador. En este ejemplo se ve la necesidad de ser sumamente claro en el punto geográfico que se indica detrás de las tres siglas que identifican cada regla.

- **En CPT**

  En esta regla se sigue el mismo criterio anteriormente indicado. Por tanto, como se trata de un transporte pagado hasta el lugar de destino señalado, nada impide que ese lugar esté más allá del lugar en que rinde viaje el transporte principal. Volviendo a Sabadell, en un CPT Sabadell, el transporte que va desde el puerto de Barcelona hasta Sabadell, o del almacén del consolidador en la ZAL de Barcelona hasta Sabadell, será por cuenta del exportador. En un CPT Barcelona, el transporte entre Barcelona y Sabadell, o entre Barcelona, ZAL de Barcelona y Sabadell será por cuenta del importador.

- **En CFR y CIF**

  La situación aquí es otra: en ambos casos el transporte principal es por cuenta del exportador hasta el puerto de destino, y todo lo que suceda después, es por cuenta del importador. Ahora bien, si el transporte tiene lugar en un buque de línea regular (un transporte concluido en *liner terms*) la maniobra de desestiba está incluida en el flete. Por lo tanto, las maniobras de estiba son por cuenta del exportador (incluidas en el flete) y las maniobras de descarga y entrega son por cuenta del importador.

La facilidad que estas reglas introdujeron en el desarrollo del comercio internacional de mercancías fue enorme, hasta tal punto que se ha generalizado su uso en todo el mundo y prácticamente para la totalidad de las operaciones.

Es necesario recordar que cuando las reglas no se utilizan, o no se utilizan de forma adecuada, es de aplicación la Convención de las Naciones Unidas sobre los Contratos de Compraventa Internacional de Mercaderías o Convención de Viena.

2.3 Uso correcto de las reglas Incoterms

Es importante tener en cuenta algunos aspectos para asegurarse de que las reglas Incoterms se aplican correctamente:

- **Reglas Incoterms actualizadas**
  Es necesario disponer de una edición actualizada de las reglas Incoterms.

- **Información correcta**
  Es necesario que el cargador o fletador informe al transportista de las condiciones de venta de la mercancía en relación con las reglas Incoterms. De esta manera el transportista podrá ajustar las condiciones del transporte a las de las reglas Incoterms.

- **Reglas Incoterms del grupo C**
  Estas reglas (CIF, CFR, CIP, CPT) establecen que la entrega de la mercancía se produce en origen. El vendedor termina su responsabilidad cargando la mercancía en el buque escogido y pagando el flete y en este caso, el seguro. Puede existir alguna duda sobre si en estos casos la responsabilidad del vendedor se mantiene hasta la llegada al punto de destino, pero no es así. Las reglas Incoterms son muy claras al respecto.

Es necesario señalar que las reglas Incoterms no son términos de un contrato de transporte, sino de compraventa de mercancías. De manera natural, a cada regla aplicada en un contrato de compraventa le corresponde un modo de compra de flete. Si la venta es FOB, el flete posiblemente se pactará pagar por el comprador o el receptor, es decir, flete a pagar en destino. Pero conviene no confundir términos de compraventa de mercancías con términos de compraventa de fletes.

3   Medios de pago internacionales. El crédito documentario

Los elementos que diferencian el método de pago nacional del internacional en una compraventa son los siguientes:

- **Política administrativa**
  Es la normativa de pagos internacionales de cada país que disciplina las transacciones exteriores. Estuvo minuciosamente regulada y sujeta a autorizaciones previas, incluso elevando a la categoría de delito su incumplimiento, con penas de privación de libertad a quienes la incumplían. Aunque liberalizada en la década de 1980, los estados siguen manteniendo disposiciones sobre las transacciones exteriores, sobre todo en materia de información tributaria.

- **Riesgo de impago**
  Debe siempre considerarse la dificultad de perseguir al deudor en un país extranjero. El exportador (quien tiene que cobrar) debe disponer de información sobre la solvencia del importador.

3.1   *Métodos de pago habituales*

Los exportadores que confían en el importador y en la solvencia de su país, utilizan habitualmente para el cobro los siguientes medios:

- **Cheque, letra de cambio y pagaré**
  Son títulos valores, es decir, documentos que expresan en sí mismos una obligación y que su cumplimiento puede ser exigido por cualquier poseedor legítimo. Esta característica implica que sean de papel, estén escritos y firmados. Por lo tanto, implica el riesgo de que sean falsos. Sin embargo, tienen la ventaja de ser títulos ejecutivos, es decir, son documentos con los que se puede iniciar un procedimiento judicial rápido porque no entra en discusión la existencia del derecho que viene reconocido por la propia tenencia del título.

– ***Cheque***
Es un documento de orden de pago firmado por el importador en el que le da orden de pago a su banco a favor del tenedor del cheque (al portador), del titular del mismo (cheque nominativo) o de cualquier tercero endosatario (nominativo firmado por detrás como endoso a favor del nuevo tenedor). El riesgo fundamental es que es pagadero contra la cuenta del importador. Por lo tanto, si no tiene saldo, se devuelve y el exportador no cobra. El cheque bancario es emitido directamente por el banco del importador, es decir, contra su propia caja (que emite porque ya lo ha descontado al importador), de manera que es un medio de pago cuya seguridad radica en el banco, no en el importador.

– ***Letra de cambio***
Las letras de cambio han caído en desuso. Era un documento por el que el deudor se comprometía a pagar al acreedor una determinada cantidad antes del vencimiento a su mera presentación. Lo que suponía un riesgo era que el cheque llegara al vencimiento y que en el domicilio indicado en la letra (normalmente se trata de una cuenta bancaria) no hubiera saldo suficiente. Dadas estas circunstancias, la letra de cambio se devolvía y el exportador no cobraba.

– ***Pagaré***
Es un híbrido entre el cheque y la letra de cambio. Al igual que la letra, permite vencimiento y es un crédito cartular (en el que la posesión misma da todos los derechos al acreedor), pero está extendido en formato similar al del cheque. Del mismo modo, el pagaré puede ser contra la cuenta del deudor, o un pagaré bancario, en tal caso, el riesgo que el exportador debe valorar ya no es el del importador, sino el del banco.

• **Pago confirmado de proveedores o** *confirming*
Es un documento (en papel o en formato electrónico) en el cual una entidad bancaria (el banco del importador) se compromete a pagar un determinado importe en una fecha determinada (el vencimiento) mediante transferencia a la cuenta del exportador. Tiene la ventaja de que el riesgo se reduce (porque el riesgo ya no lo asume un comerciante, sino una entidad bancaria) y permite ofrecer un plazo de cobro más largo al existir un mayor grado de fiabilidad.

- **Transferencia**

  Es una orden de pago que el importador da a su banco para que transfiera fondos de su cuenta a la cuenta del acreedor. El riesgo es elevado porque no solo es necesario que el importador tenga dinero, sino que también se decida a pagar.

3.2   Otros métodos de pago

Cuando el exportador quiere asegurarse de que el importador realizará el pago en las condiciones pactadas y el tiempo previsto, se utilizan otros medios de pago menos sujetos a avatares impredecibles. Estos son:

- **Crédito documentario**

  Es el compromiso que adquiere un banco del país de la empresa exportadora a pagarle una determinada cantidad, siempre que le presente unos documentos concretos que acreditan la expedición de la mercancía en el plazo establecido. Ese pago lo realizará porque, a su vez, lo cobrará de un banco de la plaza del importador con el que tiene un acuerdo de corresponsalía. El exportador cobra de un banco de su confianza, el banco de la plaza del exportador tiene confianza en el banco emisor (debido a que son corresponsales) y el banco emisor tiene confianza en el importador porque, o bien se lo ha cobrado previamente al importador, o le ha retenido fondos (saldo retenido) para autorizar la operación, o porque le ha concedido un crédito.

- **Carta de crédito *stand by* o contingente**

  Es un crédito documentario *(stand-by letter of credit)* pero no actúa como medio de pago, sino como garantía sobre otro medio de pago cualquiera. En caso de incumplimiento del método acordado, el exportador ha de acreditar ante el banco del país del importador dicho incumplimiento (por ejemplo, si no ha hecho la transferencia en una determinada fecha), aportar toda la documentación prevista (conocimientos de embarque, facturas, etc.) y el banco debe proceder al pago de la cantidad adeudada.

- **Letra avalada por un banco**

  Es una letra de cambio, similar a la explicada anteriormente, pero que incorpora el aval de una entidad bancaria, de modo que el exportador puede confiar en que, en caso de impago por parte del importador, podrá presentar la letra al cobro en el banco avalista.

- **Entrega contra documentos**

  Es un procedimiento en desuso por sus inconvenientes. El transitario del país de destino entregaba los documentos que autorizaban la entrega de la mercancía al importador únicamente si este acreditaba el pago o pagaba al transitario de destino mediante la entrega de un título valor (cheque, letra o pagaré). Implica un riesgo alto para todos los que intervienen porque el exportador debe confiar en el importador, en el transitario de expedición y en el transitario corresponsal en destino. El transitario tiene que asumir una responsabilidad, con alto riesgo, que excede su función natural. Solo se mantiene la práctica de la retención de los documentos de embarque (conocimiento de embarque) hasta la recepción de los fondos, lo que impide la entrega de la mercancía en destino. Esta retención conlleva un único riesgo: el error involuntario o incentivado en destino, que puede dar lugar a la entrega sin conocimiento de embarque.

3.3   El crédito documentario

El crédito documentario es el medio de pago por excelencia en el comercio internacional, especialmente cuando el transporte marítimo tiene gran relevancia.

Se trata de un instrumento sencillo, con una organización compleja, que dota de mayor seguridad a las transacciones internacionales. Constituye un contrato financiero distinto e independiente del contrato de compraventa y del contrato de transporte, y solo regula las relaciones y responsabilidades de las partes de ese contrato.

Es documentario, de modo que todo lo que aparezca en cualquier modo o en cualquier clase serán documentos. El banco no se responsabiliza de si la mercancía ha salido o no, únicamente se asegura de que exista el documento de transporte emitido en los términos requeridos por el crédito. Tampoco tiene en cuenta la naturaleza de la mercancía, sino que, en el caso de pedirse en el crédito, se asegura de que esté el informe del comisario de averías *(surveyor)*. Tampoco se hace responsable de que la mercancía haya salido o no por contrabando, pero tiene interés en que le entreguen el DUA acreditativo de haberse despachado a la exportación en los términos establecidos en el crédito.

Como sucedía en las reglas Incoterms, está regulado por las Reglas y Usos Uniformes relativos a los Créditos Documentarios, publicados por la Cámara de Comercio Internacional (UCP 600 de la CCI) y para cuya aplicación es necesario que conste en el crédito documentario que está sujeto a esas normas.

Los actores del crédito documentario son los siguientes:

- **Ordenante**

  Es el importador que deberá pagar la mercancía importada, y que solicita a su banco (banco emisor) la apertura de un crédito documentario.

- **Banco emisor**

  Es el banco del importador que ha recibido de este la solicitud de la apertura de crédito y lo ha autorizado.

- **Banco avisador**

  Es un banco intermediario (normalmente en el país del exportador) que avisa al exportador de la existencia de un crédito a su favor y de las circunstancias del mismo (vencimiento y requisitos documentales), pero sin otra intervención.

- **Banco confirmador**

  Es un banco (normalmente en el país del exportador o en una gran capital financiera) que, a petición del banco emisor, confirma el compromiso firme de que pagará el crédito. Este compromiso se añade al del banco emisor.

- **Banco designado**

  Es el banco donde el crédito estará disponible para el exportador. El banco designado puede ser el mismo que el avisador o que el confirmador.

- **Beneficiario**

  Es el exportador que cobrará el importe del crédito.

- **Operativa**

  El ordenante solicita a su banco la apertura de un crédito a favor del exportador. Este crédito se hará efectivo a través de un banco del país del exportador (banco designado) si este entrega dentro del plazo estipulado en el propio crédito los documentos que acreditan la expedición (factura comercial, conocimiento de embarque, lista de embarque *(paking list)* y, eventualmente, otros documentos tales como informe de un comisario de averías determinado, certificado de origen, etc.).

El crédito documentario establece el plazo de vencimiento y el exportador debe aportar todos los documentos que constan en el crédito, redactados del modo requerido.

Existen varios tipos de créditos documentarios, los principales son los siguientes:

- **Revocables**

  El crédito puede ser anulado en cualquier momento antes de su vencimiento por el ordenante o por el banco emisor. Carece, pues, de seguridad de cobro.

- **Irrevocables**

  El crédito no puede ser modificado ni anulado unilateralmente durante su vigencia.

- **Avisados**

  Cuando el banco intermediario avisa pero no confirma (no aporta su garantía), de modo que el exportador solo puede confiar en la solvencia y pago del banco emisor.

- **Confirmados**

  Cuando el banco local no solo avisa, sino que confirma el crédito con su propia solvencia. Presenta mayor seguridad de cobro para el exportador.

- **A la vista**

  El beneficiario cobra (o del banco emisor o del confirmador) cuando presenta los documentos.

- **A plazo**

  El beneficiario cobra (a un plazo establecido en el crédito) después de la presentación de los documentos acreditativos de la expedición.

- **De aceptación**

  El pago no se realiza en metálico, sino mediante una letra o pagaré del propio banco emisor o confirmador, con el vencimiento establecido en el crédito.

- **Rotativo**

  Es el adecuado para contratos de suministro. El crédito se renueva automáticamente en los mismos términos en que se emitió para sucesivas operaciones que se dilatan en el tiempo.

Capítulo 12
Elementos documentales en el transporte marítimo

En este capítulo se analizarán los documentos más relevantes que se utilizan en la ejecución de un contrato de transporte marítimo, de una manera práctica y a modo de guía para el usuario, con la finalidad de conocer su función y su carácter.

1 La factura comercial

Es el documento inicial que hay que considerar y que se utiliza como guía en todo el proceso documental. El transporte es el proceso físico que permite el traspaso de las mercancías de un vendedor a un comprador. Por ello, el primer paso es el acuerdo acerca de lo que se compra, lo que se vende, la cantidad de bienes que se transfieren, sus características, su condición, su embalaje, su precio y las condiciones acerca del momento en que se traspasa la responsabilidad del vendedor al comprador (véase en el capítulo 11, «Las reglas Incoterms»).

Toda esta información se incluye en la factura comercial, en la que se indican los datos del vendedor y del comprador, y la mercancía que se vende con especificación de la misma tal y como se haya pactado entre ambas partes. Además, se detallan las cantidades y el embalaje (sacos, bidones, bultos unitarios, cajas, etc.), marcas de la mercancía, volumen y peso unitario y total, el precio y las condiciones de la compraventa en relación con el momento de su entrega.

La factura comercial la emite el vendedor y es un documento básico que permite utilizar la información que contiene para elaborar el resto de los documentos.

2   Lista de contenido o *packing list*

Este es un documento que usualmente acompaña a la factura comercial y contiene la lista detallada de bultos que se van a embarcar con sus pesos y medidas unitarias y totales, de manera que se conozca en detalle la cantidad de buque que se va a utilizar en caso de transporte convencional o el número de contenedores que se emplearán y su acondicionamiento en los mismos.

Este documento lo emite la parte vendedora o cargadora.

3   Entréguese del contenedor vacío

Este documento es utilizado en el caso del transporte de contenedores. Lo expide el propietario del contenedor (la compañía marítima que se va a emplear) y mediante él se autoriza la salida del contenedor vacío desde su lugar de depósito para llevarlo al lugar donde vaya a ser llenado de acuerdo con las condiciones del transporte pactado. Normalmente, este documento lo recoge el acarreador que va a trasladar el contenedor desde su depósito al lugar de llenado y su posterior acarreo al puerto.

4   Admítase la mercancía

En este documento se detalla la mercancía que se va a embarcar (posiblemente adjuntado al *packing list*) o el número del contenedor de transporte, con una descripción somera de la mercancía y su peso. Lo emite la empresa estibadora o gestora de la terminal y acredita la entrada de la mercancía en el puerto, en la terminal y su puesta a disposición de la compañía marítima. Este documento es de utilidad a la hora de efectuar el despacho de aduana o la autorización de exportación emitida por el organismo de la administración del Estado autorizado para ello (la aduana del puerto de salida o la facultada para verificar la exportación).

5   El despacho de aduana (DUA)

Los estados se reservan el derecho de verificar y autorizar la exportación de mercancías desde su propio país, además de la importación de las mismas. En el caso de exportación, el exportador deberá presentar por sí mismo o por delegación a un agente autorizado o representante aduanero una declaración de las mercancías que se exportan, su naturaleza, tipología, envase o embalaje, peso, valor, así como datos del comprador. Toda esta información se recoge en el documento único administrativo (DUA)[1] y para confeccionarlo es necesario utilizar la información que se contiene en la factura comercial. En la actualidad, aunque se mantiene un registro en papel, los actores han informatizado su gestión, usando el DUA electrónico.

6   El certificado de origen y EUR-1

Ambos documentos tienen objetivos similares y por ello se consideran juntos en este apartado.

En el marco del Acuerdo General sobre Aranceles y Comercio, más conocido por las siglas GATT *(General Agreement on Tariffs and Trade)*, al que pertenecen la mayoría de países del mundo, existen convenios por los cuales determinados países o uniones de países (la UE, por ejemplo) conceden a otros exenciones totales o disminuciones en los aranceles que aplican a la importación de productos.

Para que estas exenciones o disminuciones tengan efecto, es necesario que se acredite fehacientemente que las mercancías que se introducen en un determinado país hayan sido producidas en el país que se declara, con lo cual el Estado importador tiene el acuerdo de reducción. Esta acreditación se produce mediante la emisión, en el país de origen, del certificado de origen, documento en el que se recogen los datos de la factura comercial cruzada entre comprador y vendedor y que, debidamente firmada por el vendedor, certifican los organismos acreditados en el país de exportación. En el caso de España lo certifican las cámaras de comercio.

Este documento evidencia que las mercancías que se detallan son del país A (país de origen de las mercancías) y se van a vender en el país B. Si los países A y B mantienen acuerdos de reducción o exención, mediante la presentación de este documento, se obtienen las citadas reducciones o exenciones.

La UE ha creado el documento EUR-1 (véase la figura 12.1), que surte los mismos efectos que el certificado de origen pero evidenciando que las mercancías son de origen comunitario. Se da por la situación actual en la que es la UE la que llega a acuerdos de reducción o exención de aranceles en nombre de todos sus miembros con terceros países o con otras asociaciones político-económicas de países (acuerdos de la UE con el Mercosur, por ejemplo). El documento EUR-1 está disponible en todos los

---

[1] La normativa que recoge su implantación, por adaptación de la reglamentación española a las normas comunitarias, data de 1987 y el posterior reglamento de la CEE 2454/93.

CERTIFICADO DE CIRCULACIÓN DE MERCANCÍAS

1. Exportador (nombre, dirección completa y país)

EUR.1 Nº **A** 000.000

Véanse las notas del reverso antes de rellenar el impreso

2. Certificado utilizado en los intercambios preferenciales entre

....

y

....

(indíquese el país, grupo de países o territorios correspondientes)

3. Destinatario (nombre, dirección completa y país) (mención facultativa)

4. País, grupo de países o territorio de que se considera que los productos son originarios

5. País, grupo de países o territorio de destino

6. Información relativa al transporte (mención facultativa)

7. Observaciones

8. Número de orden; marcas y numeración; número y naturaleza de los bultos (¹); **Descripción de las mercancías** (²)

9. Masa bruta (kg) u otra medida (litros, m³, etc.)

10. Facturas (mención facultativa)

11. VISADO DE LA ADUANA O DE LA AUTORIDAD GUBERNAMENTAL COMPETENTE

Declaración certificada

Documento de exportación (³):

Formulario .... Nº ....

Aduana u oficina gubernamental competente:

....

País o territorio de expedición..................................

....

Lugar y fecha ....

....

....

(Firma)

Sello

12. DECLARACIÓN DEL EXPORTADOR

El que suscribe declara que las mercancías arriba designadas cumplen las condiciones exigidas para la expedición del presente certificado

Lugar y fecha ....

....

(Firma)

13. SOLICITUD DE CONTROL, con destino a:

Se solicita el control de la autenticidad y de la regularidad del presente certificado

....
(lugar y fecha)

Sello

....
(Firma)

14. RESULTADO DEL CONTROL

El control efectuado ha mostrado que este certificado (*):

☐ Fue expedido por la aduana o por la autoridad gubernamental competente indicada y que la información en él contenida es exacta.

☐ No cumple las condiciones de autenticidad y exactitud requeridas (véanse notas adjuntas)

....
(lugar y fecha)

Sello

....
(Firma)

(*) Márquese con una X el cuadro que corresponda.

NOTAS

1. El certificado no deberá llevar raspaduras ni correcciones superpuestas. Cualquier modificación deberá hacerse tachando los datos erróneos y añadiendo, en su caso, los correctos. Tales rectificaciones deberán ser rubricadas por la persona que cumplimentó el certificado y visadas por las autoridades aduaneras o por la autoridad gubernamental competente del país o territorio de expedición.

2. No deberán quedar renglones vacíos entre los distintos artículos indicados en el certificado y cada artículo irá precedido de un número de orden. Se trazará una línea horizontal inmediatamente después del último artículo. Los espacios no utilizados deberán rayarse de forma que resulte imposible cualquier añadido posterior.

3. Las mercancías deberán describirse de conformidad con la práctica comercial y de manera suficientemente detallada para permitir que sean identificadas.

Figura 12.1. Modelo de certificado de circulación de mercancías.

países de la UE, su confección corre a cargo del exportador o su agente (representante aduanero) y lo valida la aduana de exportación en la que se efectúa el despacho.

7 La póliza de seguro

Este documento ya ha sido debidamente analizado anteriormente en el capítulo 8 de este manual, «El seguro de transporte de mercancías».

8 La declaración de mercancías peligrosas

El incremento de las medidas de seguridad en todo tipo de transporte, y en particular en el transporte marítimo, ha devenido en un control cada vez mayor de las

DECLARACION DE MERCANCIA PELIGROSA

EXPEDIDOR :

TELEF:
FAX:

OBSERVACIONES:	NUMERO/S DE REFERENCIA

NOMBRE/MEDIOS TRANSPORTE	PUERTO /LUGAR SALIDA	NOMBRE DEL PORTEADOR (O SU AGENTE)

PUERTO/LUGAR DE DESTINO:	OBSERVACIONES

MARCAS Y NUMEROS:

NUMERO Y TIPO DE BULTOS

NOMBRE TECNICO DE LA MERCANCIA:

PESO BRUTO

PESO NETO

/CLASE IMO/   /NUMERO ONU /   /PUNTO INFLAMACION /GRADOS CENTIGRADOS)/

INFORMACION COMPLEMENTARIA:

NOMBRE Y CARGO DEL FIRMANTE

DECLARACION
Por la presente, declaro que el contenido de esta remesa esta correctamente descrito con los nombres técnicos y de expedición correctos; debidamente clasificados, embalado/ envasado, marcado y etiquetado y en condiciones adecuadas para el transporte por barco en conformidad con las reglamentaciones internacionales y nacionales aplicables.

Lugar y fecha

FIRMADO EN REPRESENTA-CION DEL EXPEDIDOR

Figura 12.2. Modelo de declaración de mercancías peligrosas.

mercancías reconocidas como peligrosas según las normas IMO. El código IMO para mercancías peligrosas establece una relación de las mismas, les asigna una identificación específica (número ONU, clasificadas según su peligrosidad) y define la forma en que deben ser transportadas.

Una mercancía reconocida como peligrosa por el código IMO debe estar acompañada necesariamente para su embarque de una declaración de mercancías peligrosas, documento que contiene los datos de la mercancía, su naturaleza, clase, embalaje y grado de peligrosidad, permitiendo en todo momento identificarla y conocer las medidas que deben tomar en relación a ellas en caso de incidencia.

Logística urbana. Manual para operadores logísticos y administraciones públicas

Ignasi Ragàs

Título de transportista. Competencia profesional para el transporte de mercancías por carretera

Francisco Martín, M. Teresa Maza, María J. de la Maza

Manual del transporte en contenedor

Jaime Rodrigo de Larrucea

Manual del transporte marítimo

Agustín Montori Díez, Carlos Escribano Muñoz, Jesús Martínez Marín

Técnicas logísticas para innovar planificar y gestionar. Aurum 1

Luis Carlos Hernández Barrueco

Técnicas de mejora continua en el transporte

Lander Tolosa

Transporte en contenedor

Jaime Rodrigo de Larrucea, Ricard Marí, Álvaro Librán

Técnicas para ahorrar costos logísticos. Aurum 2

Luis Carlos Hernández Barrueco

El Convenio CMR

Francisco Sánchez-Gamborino, Alfonso Cabrera Cánovas

**Transporte de mercancías
por carretera. Manual de
competencia profesional**

José Manuel Ruiz Rodríguez

**Normativa de estiba
en carretera. Claves,
soluciones y modelos para
estibar y trincar cargas**

Eva María Hernández Ramos

**Gestión documental del
transporte por carretera**

Eva María Hernández Ramos

**Transporte ferroviario
de mercancías**

Miguel Ángel Dombriz

**Transporte marítimo
de mercancías.
Los elementos clave,
los contratos y los seguros**

Rosa Romero, Alfons Esteve

**Manual del transporte
de mercancías**

Jaime Mira, David Soler

**Lean Energy 4.0.
Guía de Implementación**

Luis Socconini, Juan Pablo Martín

**Manual de prevención
de riesgos laborales**

Blas Gómez

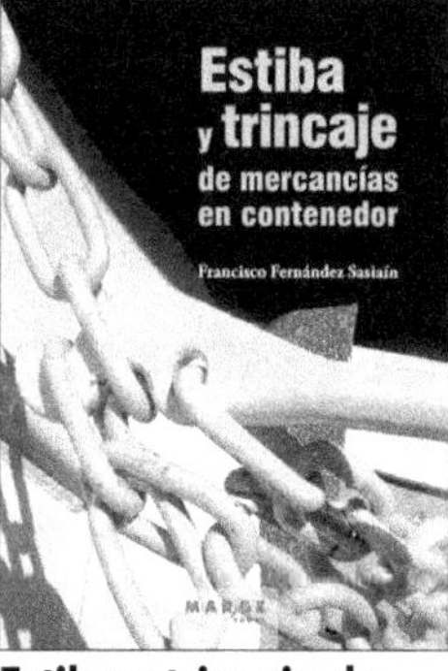

**Estiba y trincaje de
las mercancías en
contenedor**

Francisco Fernández Sasiaín

València, 558 – 08026 Barcelona – Tel. +34-931 429 486 – marge@margebooks.com – www.margebooks.com